Oliver Schumacher

**Schluss mit halben Sachen im Verkauf**

**So handeln Top-Verkäufer**

**Business**Village
Update your Knowledge!

**Oliver Schumacher**
Schluss mit halben Sachen im Verkauf
So handeln Top-Verkäufer
1. Auflage 2012
© BusinessVillage GmbH, Göttingen

**Bestellnummern**
ISBN 978-3-86980-181-0 (Druckausgabe)
ISBN 978-3-86980-184-1 (E-Book, PDF)

Direktbezug www.BusinessVillage.de/bl/879

**Bezugs- und Verlagsanschrift**
BusinessVillage GmbH
Reinhäuser Landstraße 22
37083 Göttingen
Telefon: +49 (0)551 2099-100
Fax: +49 (0)551 2099-105
E-Mail: info@businessvillage.de
Web: www.businessvillage.de

**Layout und Satz**
Sabine Kempke

**Illustration auf dem Umschlag**
befehr, http://deutsch.istockphoto.com

**Illustrationen im Buch**
Arne Hinrichs, arne-hinrichs@web.de

**Autorenfoto auf dem Umschlag und Seite 5**
Hans Einspanier, www.fotogen-Lingen.de

**Druck und Bindung**
AALEXX Buchproduktion GmbH, Großburgwedel

**Copyrightvermerk**
Das Werk einschließlich aller seiner Teile ist urheberrechtlich geschützt. Jede Verwertung außerhalb der engen Grenzen des Urheberrechtsgesetzes ist ohne Zustimmung des Verlages unzulässig und strafbar.
Das gilt insbesondere für Vervielfältigung, Übersetzung, Mikroverfilmung und die Einspeicherung und Verarbeitung in elektronischen Systemen.
Alle in diesem Buch enthaltenen Angaben, Ergebnisse usw. wurden von dem Autor nach bestem Wissen erstellt. Sie erfolgen ohne jegliche Verpflichtung oder Garantie des Verlages. Er übernimmt deshalb keinerlei Verantwortung und Haftung für etwa vorhandene Unrichtigkeiten.
Die Wiedergabe von Gebrauchsnamen, Handelsnamen, Warenbezeichnungen usw. in diesem Werk berechtigt auch ohne besondere Kennzeichnung nicht zu der Annahme, dass solche Namen im Sinne der Warenzeichen- und Markenschutz-Gesetzgebung als frei zu betrachten wären und daher von jedermann benutzt werden dürfen.

# Inhalt

Über den Autor ........................................................................ 5

Vorwort .................................................................................. 7

**1. Statt planlos – erst planen und dann los!** ........................ 9

    1.1 Kennzahlen der Profi-Verkäufer ............................................... 10
    1.2 So tunen Sie Ihren Verkaufsprozess ......................................... 15
    1.3 Nicht jeder Kunde ist gleich wichtig und relevant ................... 19
    1.4 Umsatz ist kein Gewinn ........................................................... 27
    1.5 Weniger fahren – mehr verdienen ........................................... 32
    1.6 Sie brauchen Kunden – egal was der Mitbewerber sagt .......... 40
    1.7 Achtung Stammkundenfalle! .................................................... 43
    1.8 „Dabei sein ist alles"? Die erfolgreiche Messebeteiligung ........ 47

**2. Steigern Sie Ihre Verkaufsresultate durch bessere Organisation und Kommunikation!** ............................. 53

    2.1 Gute Vorbereitung spart Zeit, Geld und Nerven ....................... 54
    2.2 Behalten Sie das Wesentliche durch Nachbearbeitung im Auge ..... 58
    2.3 Entlasten Sie sich mit Checklisten ............................................ 63
    2.4 Faszinieren Sie mit durchdachten Präsentationen ................... 68
    2.5 Gewinnen Sie Menschen durch wertschätzende Kommunikation .... 76
    2.6 Übernehmen Sie Verantwortung für Ihre Kommunikation ...... 83
    2.7 Schaffen Sie mehr Verbindlichkeit ............................................ 89
    2.8 Kunden (sollen) gehen – das gehört dazu ............................... 98

**3. Sorgen Sie für Performance – mit den besten Verkäufern und der richtigen Motivation!** ............................. 109

    3.1 Prioritätsstufe 1: Neukundengewinnung ................................ 110
    3.2 Nieten kosten Geld – erst recht im Verkauf ........................... 116
    3.3 Alle ziehen an einem Strang, doch in welche Richtung(en)? ..... 124

3.4 Wenn Mitarbeiterwettbewerbe floppen ................................. 130
3.5 Wenn nicht im Verkauf – wo dann: Leistungslohn ................... 133
3.6 Tagungen dürfen nicht zu einem Sit-in verkommen! ............... 140

**4. Wie Trainings nicht nur Ihr Geld kosten, sondern es vermehren!** .. 145

4.1 Mythos Seminar – Was bringen Seminare wirklich? .................. 146
4.2 Vom Wunsch nach der konkreten Bildungsrendite ................... 153
4.3 Trainer ist nicht gleich Trainer ............................................. 158
4.4 Vom Risiko heterogener Gruppen ......................................... 168
4.5 Ermitteln Sie den konkreten(!) Bildungsbedarf ....................... 176
4.6 Damit jeder weiß, was zu tun ist: Vereinbaren Sie Lernziele ....... 181
4.7 Belohnen Sie die erfolgreiche Umsetzung der Seminarinhalte ..... 185
4.8 Nach dem Seminar ist vor dem Seminar! ............................... 188

**Quellen und Literaturtipps** .......................................................... 195

# Über den Autor

Wenn der Spruch „Verkaufen kann man oder nicht!" stimmen würde, dann würde Oliver Schumacher heute in irgendeinem kleinen Unternehmen als Angestellter Akten bearbeiten, Statistiken auswerten und vermutlich kaum anders denken, als er es vor 15 Jahren getan hat. Wahrscheinlich bekäme er ein kleines, sicheres fixes Gehalt, hätte geregelte Arbeitszeiten und würde ein Leben führen wie viele andere, die nur davon träumen, etwas zu bewegen, zu verändern und zu verbessern.

Doch mit 25 Jahren entschied sich der Autor, im Verkaufsaußendienst bei einem großen Markenartikler anzufangen. Letztlich war er nur einer von über zweihundert Verkäufern. Aber er hat etwas geschafft, was nur wenigen gelingt: Die Entwicklung von einem „schwachen" Verkäufer an die Spitze der Vertriebsorganisation. Dies ist ihm nicht nur gelungen durch das Leben seiner Werte Ehrlichkeit, Verlässlichkeit und Verbindlichkeit, sondern auch aufgrund seines Engagements, was Weiterbildung anbelangt. Denn wie sonst soll es zu entscheidenden Veränderungen kommen, wenn das Ruder der Gewohnheit nicht herumgerissen wird? Gerade Gewohnheiten können dadurch verändert werden, indem sie immer wieder kritisch hinterfragt werden, neues Wissen ausprobiert wird und letztlich der Wille da ist, wirklich etwas erreichen zu wollen.

Im Rahmen seines berufsbegleitenden Studiums zum Diplom-Betriebswirt (FH) schrieb er die Diplom-Arbeit „Einflussfaktoren auf den Erfolg von Vertriebstrainings". Außerdem absolvierte er zahlreiche Ausbildungen, wie beispielsweise zum Fachkaufmann für Vertrieb (IHK), Trainer für betriebliche Weiterbildung (IHK) und Trainer und Berater (BDVT). Gegenwärtig schreibt er seine Master Thesis „Einflussfaktoren auf die Beziehungsgestaltung zwischen Verkäufer und Kunde beim persönlichen Erstkontakt" zur Erlangung des akademischen Grades Master of Arts in Speech Communication and Rhetoric (M.A.). Diesen Studiengang belegt er berufsbegleitend bei der Universität Regensburg.

Der vierfache Buchautor trainiert Außendienstmannschaften und Unternehmer, wie diese sich und ihr Angebot besser und wertschätzender verkaufen. Denn an sich wollen viele gerne höhere Umsätze und bessere Einkommen erzielen – bei den meisten hapert es aber an den Ideen und der Entschlossenheit. Damit Menschen mit Kundenkontakt noch leichter und besser auf den Pfad des Gelingens kommen, wird Oliver Schumacher gerne von Unternehmern, Geschäftsführern und Verkaufsleitern engagiert. Seinen Auftraggebern gefällt es besonders, dass Schumachers Methoden auf Augenhöhe sind: Sowohl für die Teilnehmer seiner Trainings als auch für die (potenziellen) Kunden der Teilnehmer. Denn das, was er den Teilnehmern vermittelt, sind Methoden und Ideen, die es Menschen leicht machen, Kunde zu werden – und auch zu bleiben.

Oliver Schumacher gibt Trainings, führt Beratungen und Workshops durch und hält auf Messen und Events Vorträge rund um das Thema Verkaufen.

Haben Sie Fragen, Meinungen oder einen Auftrag, dann nehmen Sie bitte mit ihm Kontakt auf:

**Kontakt:**
Internet: www.oliver-schumacher.de
E-Mail: os@oliver-schumacher.de

# Vorwort

Sehr geehrte Leserin! Sehr geehrter Leser!

Egal ob Sie nun Verkäufer, Führungskraft im Verkauf oder Geschäftsführer sind: Ihre zu verantwortenden Verkaufsresultate bestimmen entscheidend Ihre Zukunft. Obwohl letztlich alle Beteiligten wissen, dass die überlebensnotwendigen Umsätze und Gewinne nur von ihrer Kundschaft kommen können, passieren täglich unendlich viele vermeidbare Fehler im Verkaufsalltag.

Fehler sind nicht nur deswegen ärgerlich, weil Ihnen dadurch Aufträge entgehen. Viel schlimmer ist: Sie stärken sogar ungewollt Ihre Mitbewerber, denn diese kassieren die Aufträge ein, die Sie ohne böse Absicht indirekt weitergeleitet haben. Das ist doppelt schlimm: Ihnen entgehen Umsätze und Gewinne – und Ihr Mitbewerber wird mit diesen auch noch größer und stärker, um Ihnen womöglich daraufhin Ihr Leben noch schwerer zu machen.

In diesem Buch erfahren Sie zahlreiche Methoden, Ideen und Vorgehensweisen, mit denen Sie zukünftig erfolgreicher Ihre Verkäufe managen. Sie bekommen unter anderem Tipps, wie Sie Arbeitsprozesse in Ihrem Unternehmen derart gestalten, dass die Kaufwahrscheinlichkeit immens steigt. Sie finden Konzepte, wie Sie sich zukünftig professioneller vor- und nachbereiten können. Sie erhalten Anregungen, damit Verkaufstrainings nicht nur Ihr Geld kosten, sondern Ihr Geld auch vermehren. Und noch vieles mehr …

Sie holen sich mit diesem Werk viele umsetzbare Anregungen, sodass es mit dem Teufel zugehen muss, wenn Sie mit deren Hilfe nicht noch erfolgreicher Ihren Verkaufsalltag gestalten können. Darum wird sich schnell Ihre Investition in dieses Buch für Sie rechnen. Also ein hervorragendes Geschäft für Sie – was wollen Sie mehr?

Gute Verkaufsresultate und viel Spaß wünscht Ihnen

Ihr Oliver Schumacher

# 1.
# Statt planlos – erst planen und dann los!

## 1.1 Kennzahlen der Profi-Verkäufer

So manch ein Verkäufer verbindet den Begriff „Statistik" mit negativen Gefühlen. Denn wer hat es nicht schon einmal erlebt, dass Verkaufszahlen hemmungslos den Finger auf die eigenen Wunden legen? Wer musste dann noch nicht Rechenschaft darüber ablegen, wie denn „solche Zahlen" möglich seien? Wer sollte nicht schon einmal Berichte schreiben oder Zahlen melden, obwohl er genau wusste, dass sich dadurch auch nichts ändern wird?

Trotzdem: Auch wenn Zahlenmaterial für Bezirke, Kunden und dergleichen relativ leicht zu ermitteln sind, wird häufig zu wenig oder falsch damit gearbeitet. Zahlen ermöglichen schließlich Vergleiche und geben deutliche Tendenzen und Warnhinweise. Dazu müssen diese Zahlen nicht zwangsläufig mit Vorjahreswerten verglichen werden. Die Abgleiche mit den eigenen Planzahlen oder auch den Entwicklungen des Marktes sind sehr aufschlussreich. So klingt beispielsweise ein Umsatzwachstum von 12 Prozent sehr gut. Aber wenn der Gesamtmarkt um 32 Prozent gewachsen ist, scheinen hier die Verantwortlichen doch nicht ihre Hausaufgaben gemacht zu haben. Es kommt also immer darauf an, womit Sie sich vergleichen – und wo Ihr persönlicher Anspruch liegt.

In der Regel ist es in der Unternehmung kein Problem, das Zahlenmaterial der einzelnen Verkäufer beziehungsweise des gesamten Vertriebsteams zu ermitteln und zu dokumentieren. Auch fällt es vielen sehr leicht, diesen Werten die Planzahlen gegenüberzustellen und schlussendlich daraus abzuleiten, wer gute und weniger gute Arbeit geleistet hat. Die Kunst vielmehr ist es, rechtzeitig aus den Ist-Werten entsprechende Maßnahmen abzuleiten, um die Planzahlen mit hoher Wahrscheinlichkeit zu erreichen oder gar zu übertreffen. Obwohl es ja auch von einigen heftig diskutiert wird, ob Ziele nicht zu niedrig waren, wenn diese überschritten werden können. Aber das ist ein anderes Thema ...

Damit Sie zukünftig Ihre verkäuferische und einkommensmäßige Zukunft besser abschätzen können, müssen Sie sich regelmäßig mit Ihren Zahlen beschäftigen. Das macht den wenigsten Verkäufern Spaß, erst recht, wenn die Zahlen im Vergleich zu den Kollegen schlechter sind. Aber wie sonst wollen Sie mögliche Tendenzen und Handlungsnotwendigkeiten erkennen? Es geht ja häufig nicht nur um die Ehre, sondern um bares Geld und Ihre Selbstachtung!

Dennoch gibt es viele Verkäufertagungen, bei denen anscheinend unendlich lang irgendwelche Zahlen, Ranglisten und Prozente präsentiert werden. Doch was bringt das? Selbst der Präsentierende ist häufig mit den Zahlen überfordert und muss sie selbst „von der Wand" ablesen. Macht es denn da nicht viel mehr Sinn, gemeinsam über Wege der Besserung zu diskutieren, als „tote" Zahlen „tot" vorzutragen?

Nachfolgend erhalten Sie einige Ideen, wie Sie aussagekräftige Kennzahlen ermitteln:

### Aussagekräftige Kundenkennzahlen in der Praxis

#### Angebote/Aufträge
- Anzahl der Aufträge (getrennt nach Bestandskunden und Neukunden)
- Anzahl der Besuche zu Anzahl der gemachten Angebote
- Anzahl der Angebote zu Anzahl der Aufträge
- Anzahl der Aufträge zu Höhe des Auftragswerts
- Durchschnittliche Auftragsgröße
- Anzahl Aufträge je Tag
- Durchschnittliches Zahlungsziel
- Durchschnittliche Bearbeitungszeit einer Reklamation
- Durchschnittliche Dauer von Erstkontakt zum Angebot
- Durchschnittliche Bearbeitungszeit eines Angebotes
- Durchschnittliche Dauer von Angebot zu Auftrag
- Durchschnittliche Dauer, bis der Kunde den Auftrag erteilt

**Kunden**
- Anzahl der Bestandskunden beziehungsweise Stammkunden
- Anteil der Stammkunden zu Gesamtkundenanzahl
- Anzahl der Neukunden
- Anzahl der verlorenen Kunden
- Anzahl potenzieller Kunden
- Anzahl der zurückgewonnenen Kunden
- Anzahl der Altkunden zu Anzahl der Neukunden
- Anzahl der Reklamationen

**Umsatz**
- Bezogen auf das Verkaufsgebiet
- Bezogen auf Artikel und Artikelgruppen
- Bezogen auf Kundengruppen
- Im Verhältnis zu Kosten

**Verkäufer**
- Durchschnittlicher Tagesumsatz
- Durchschnittliche Auftragshöhe
- Abschlussquote nach Menge und/oder Auftragsgröße je Tag oder Monat
- Struktur der Aufträge (klein, mittel, groß)
- Struktur der Aufträge (welche Produkte beziehungsweise Produktgruppen?)
- Anzahl der Besuche zu Anzahl an Aufträgen
- Besuchsdauer pro Kontakt
- Erfüllungsgrad von Zielvorgaben (Neueinführungen, Verkaufsschwerpunkte)
- Anzahl der neuen Kunden im Monat (tatsächlich neue, oder zurückgeholte?)
- Loyalitätsrate (Anzahl kaufender Kunden zu Gesamtkunden)
- Qualität der neuen Kunden (Einkaufsvolumen, Wunschkunden, …)
- Anzahl der verlorenen Kunden im Monat
- Anzahl der Reklamationen

- Anzahl der Mahnungen
- Anzahl und Höhe der Gutschriften
- Gegebener Rabatt in Bezug auf den Bruttopreis
- Deckungsbeitrag pro Kunde/Kundengruppe
- Kosten pro Verkäufer
- Kosten pro Kundenbesuch
- Reiseintensität = Besuche je Vertretergebiet zu Anzahl der Kunden
- Platzierung bei einzelnen Wettbewerben
- Beschäftigungszeit/Erfahrung
- Anzahl der Kunden beziehungsweise Arbeitslast
- Potenzialausschöpfung des Bezirks beziehungsweise Marktdurchdringung

Auch **Führungskräfte** im Verkauf können an verschiedenen Werten gemessen werden:
- Abgelieferte Qualität des Teams (Zielerfüllungsquoten, Pünktlichkeit und Richtigkeit der Einreichung von Spesenabrechnungen und Tages- oder Wochenberichten, ...)
- Fluktuationsrate im Team
- Durchschnittliche Betriebszugehörigkeit der Teammitglieder
- Anzahl der Krankheitstage im Team
- Anzahl der Kontakte mit ihren Teammitgliedern
- Anwesenheitsquote bei Teamsitzungen

Damit Sie eine gute und aussagekräftige Statistik führen können, müssen die Informationen sauber erfasst und auch aufbereitet werden. Aber erst dann beginnt die tatsächliche Arbeit, nämlich die Interpretation und die Ableitung von Konsequenzen für Ihre Zukunft. Denn wer sich nur Zahlenwerte anschaut, aber alles beim Alten belässt, hat den Sinn von Statistik nicht verstanden: Denn Statistik ist kein Selbstzweck, sondern eine Methode zur Zukunftssicherung.

Nicht zu unterschätzen ist der regelmäßige Vergleich von Umsatz-Soll zu Umsatz-Ist. In vielen Branchen gibt es gewisse Umsatzschwankungen im Verlauf eines Jahres. Üblicherweise sind entsprechend die monatlichen Ziele gewichtet. Aber dennoch passiert es nur allzu häufig, dass Umsatzlücken schöngeredet werden oder Umsatzpolster zu weniger Aktivität verleiten.

| | Jahresziel umgerechnet auf einzelnen Monat in € | Umsatz- planung in € | tatsächlicher Umsatz in € | Über-/ Unter- deckung im jeweiligen Monat in € | Über-/ Unter- deckung kumuliert in € | Kumulierte Jahresziel- erfüllung in Prozent |
|---|---|---|---|---|---|---|
| Januar | 15.000 | 20.000 | 20.198 | 5.198 | 5.198 | 134,65 |
| Februar | 20.000 | 20.000 | 22.343 | 2.343 | 7.541 | 121,55 |
| März | 30.000 | 28.000 | 25.431 | −4.569 | 2.972 | 104,57 |
| April | 25.000 | 20.000 | 0 | −25.000 | −22.028 | 75,52 |
| Mai | 30.000 | 32.000 | 0 | −30.000 | −52.028 | 56,64 |
| Juni | 40.000 | 45.000 | 0 | −40.000 | −92.028 | 42,48 |
| Juli | 25.000 | 30.000 | 0 | −25.000 | −117.028 | 36,74 |
| August | 25.000 | 28.000 | 0 | −25.000 | −142.028 | 32,37 |
| September | 35.000 | 30.000 | 0 | −35.000 | −177.028 | 27,74 |
| Oktober | 40.000 | 35.000 | 0 | −40.000 | −217.028 | 23,85 |
| November | 40.000 | 40.000 | 0 | −40.000 | −257.028 | 20,91 |
| Dezember | 25.000 | 30.000 | 0 | −25.000 | −282.028 | 19,42 |
| insgesamt | 350.000 | 358.000 | 67.972 | −282.028 | −282.028 | 19,42 |

Tabelle 1: Beispielhafter Umsatzüberblick: Deutlich ist zu erkennen, was der Verkäufer erfüllen muss, was er geplant hat, und wie sein derzeitiges Ist ist.

Zu bedenken ist, dass sehr viele Verkäufer mit Ihren Umsätzen taktieren. So werden gerne Aufträge in die nächste Abrechnungsperiode verschoben, damit Monats-, Quartals- oder Jahresziele so erfüllt werden, dass aus Sicht des Verkäufers ein optimales Verhältnis zwischen Prämie und Arbeitseinsatz besteht. Welchem Verkäufer kann man denn auch schon böse sein, wenn er genau weiß, dass er bei einer Überzielerfüllung keine extra Prämie bekommt? Oder sogar beim nächsten Mal aufgrund seiner guten Leistung einen Zielaufschlag erhält? Unangenehm wird es allerdings spätestens dann, wenn Umsätze verschoben werden – aber letztlich in keiner der beiden Abrechnungsperioden eine Zielerfüllung eingefahren wurde.

> **Merke**
>
> Achten Sie verstärkt auf die für Sie entscheidenden Kennziffern. Denn nicht nur einzelnen Verkäufern, sondern ganzen Unternehmen passiert es, dass sie plötzlich von der Realität überrascht werden. Wer seine Zahlen und Tendenzen im Blick behält, hat eine größere Chance, rechtzeitig notwendige Gegenmaßnahmen einzuleiten.

## 1.2 So tunen Sie Ihren Verkaufsprozess

Den größten Engpass haben Verkäufer oder ganze Unternehmen damit, dass nicht genügend Aufträge reinkommen, um die laufenden Kosten und geplanten Umsätze zu erwirtschaften. Auch wenn es kaum vorstellbar ist, doch selbst einige Verkäufer überlassen den Auftragseingang häufig dem Zufall, weil sie sich durch Ablenkungen durch das Tagesgeschäft zu wenige Gedanken über ihre Umsätze in 6, 12 oder 24 Monaten machen. Kleineren Unternehmen passiert es manchmal, dass sie einen Großauftrag an Land ziehen, diesen mit viel Akribie abarbeiten und stolz eine große Rechnung stellen – um dann plötzlich zu merken, dass sie nach diesem Auftrag eigentlich gar nichts zu tun haben.

Der Verkaufstrichter (auch Sales Funnel oder Sales Pipeline genannt) zeigt an, wie der derzeitige Stand der Dinge ist. Grob vereinfacht gesagt: Oben kommen die Chancen in den Trichter hinein und unten fallen im Idealfall die Ergebnisse in Form von Aufträgen und Umsätzen heraus. Je nach Ihren Bedürfnissen sollten Sie diesen Trichter, der eigentlich mehr ein Filter ist, an Ihren Vertriebsprozess anpassen.

Wenn Sie telefonisch viel akquirieren, könnte der Trichter in folgende Prozesse unterteilt sein:

| Prozessschritt | | Dauer |
|---|---|---|
| Anruf | 100 | 8 Tage |
| Vorqualifizierung | 14 | 5 Tage |
| Termin/Besuch | 8 | 30 Tage |
| Angebot | 6 | 10 Tage |
| Auftrag | 3 | 35 Tage |

Abbildung 1: Der Verkaufstrichter zeigt, wie die „Ausbeute" in den einzelnen Prozessschritten ist.

Die Zeichnung ist so zu verstehen: Es werden hundert Interessenten angerufen. Vierzehn sind an dem Angebot grundsätzlich interessiert, nachdem am Telefon die groben Details geklärt worden sind. Bei acht Interessenten kommt es zum Besuchstermin, um weitere Details zu besprechen. Sechs wünschen ein Angebot. Drei haben gekauft.

Es liegt in der Natur der Sache, dass nicht alle Kontakte (Leads), die Sie oben eingeben, unten als Gewinne und Umsätze wieder herauskommen. Denn bei manchen Kontakten bleibt es bei unverbindlichen Gesprächen. Genauso wird nicht aus jedem Ihrer Angebote ein Auftrag. Es hat wenig Sinn, diesen Trichter nach oben hin möglichst weit zu halten. Schauen Sie konkret nach Ihrer Zielgruppe und passen Sie auf, dass Sie nicht zu viele Zeitdiebe hineinwerfen. Denn bekanntlich wird nicht aus jedem Kontakt ein Kunde werden. Dieser Trichter muss immer(!) neu befüllt werden, da andernfalls das Risiko von Leerzeiten und Liquiditätsproblemen im Unternehmen besteht. Kurz: Der Trichter darf nicht „austrocknen".

Mithilfe einer Vorqualifizierung der Anfragenden können Sie schnell feststellen, ob Sie mit dem Kunden grundsätzlich zusammenpassen und Auftragschancen haben, oder Sie sich ohne böse Absicht ein faules Ei ins Nest legen. Denn es gibt nun einmal Kunden, bei denen es mit dem Anbieter aufgrund von gewissen Umständen einfach nicht passt. Wer hier unnötig lang klammert, verliert viel Zeit. Zeit, die für andere Kontakte sinnvoller wäre.

> **Praxistipp**
>
> Finden Sie heraus, wo Ihre Schwachstelle ist: Geben Sie zu wenigen potenziellen Kunden die Chance, Ja zu Ihrem Angebot zu sagen? Oder verlieren Sie sehr viele Möglichkeiten, weil Sie beispielsweise versandte Angebote nicht nachfassen? Schauen Sie genau hin, damit zukünftig der Verkaufsprozess für alle Beteiligten noch professioneller und leichter ist.

Achten Sie stets darauf, genauestens zu überprüfen, auf welcher Stufe im Verkaufstrichter die Ausbeute wie ausfällt. Wenn Sie aufgrund von statistischen Erhebungen erfahren, dass Sie aus hundert Interessenten zwanzig Aufträge machen, dann wäre der Gedankengang logisch, dass Sie für vierzig Aufträge zweihundert Interessenten benötigen. Doch vielleicht können Sie ja auch durch andere Maßnahmen dazu beitragen, die Ausbeute zu steigern. Fragen Sie sich deswegen:

Wo können weitere Interessenten gefunden werden, die mit einer hohen Wahrscheinlichkeit kaufen? Erreichen Sie bisher möglicherweise unbeabsichtigt einen bestimmten Kundentyp oder eine spezielle Unternehmensart vorrangig, sodass Sie in den Bereichen vielleicht leicht noch weitere gewinnen können?

Wie können Sie noch schneller zu der Erkenntnis kommen, ob ein aktueller Interessent Kunde wird oder nicht? Gibt es also gewisse Kriterien, die Sie vielleicht schon eher klären können – möglicherweise sogar schon telefonisch bei der Terminvereinbarung?

Gibt es eigentlich genügend potenzielle Kunden, damit Sie Ihr Unternehmen gemäß Ihren Planungen aufrechterhalten können? Weiß überhaupt Ihre Zielgruppe davon, das es Sie gibt, sodass sie bei einem Lieferantenwechsel auch auf Sie zukommen könnte?

Was können Sie mit den Kontakten machen, bei denen es nicht zu einem Auftrag gekommen ist? Bringen Sie sich hier regelmäßig wieder in Erinnerung? Haben Sie analysiert, weswegen es nicht zu einem Auftrag beziehungsweise einer Zusammenarbeit gekommen ist? Können Sie Interessenten, die gar nicht zu Ihrem Unternehmen passen, vielleicht an befreundete Unternehmen weiterleiten?

Wie können Sie eigentlich die Zeit zwischen Erstkontakt und Auftrag reduzieren? Was können Sie an Ihren Arbeitsprozessen ändern, damit der Kunde eher den Auftrag erteilt?

Wie können die Erfolgsquoten auf den einzelnen Ebenen erhöht werden? Analysieren Sie genau, weshalb Interessenten gekauft oder nicht gekauft haben. Denn möglicherweise wenden sich manche von Ihnen ab, obwohl sie gerne bei Ihnen gekauft hätten, weil Sie aus Sicht des Kontaktes falsch vorgegangen sind.

Viele „normale" Verkäufer ignorieren die Aussagefähigkeit dieses Trichtermodells. Sie überlassen somit den Verkaufsprozess zu sehr dem Zufall. Währenddessen machen sich Profis viele Gedanken darüber, wo mögliche Schwachstellen sind. Sobald sie die Gefahr sehen, dass hier etwas nicht stimmt, fangen sie sofort an zu handeln.

## 1.3 Nicht jeder Kunde ist gleich wichtig und relevant

Über die Jahre verändern sich viele Kunden. Manche bauen ihr Einkaufsvolumen deutlich aus, andere halten dieses. Und ebenso verringern viele Kunden ihre Jahreseinkäufe: Entweder, weil es mit ihnen selbst wirtschaftlich bergab geht. Oder weil sie einfach andere Schwerpunkte setzen und somit andere Bedarfe haben. Dennoch gibt es viele Verkäufer, die über Jahre hinweg nahezu alle ihre verschiedensten Kunden und Interessenten gleich behandeln. Beispielsweise schlagen sie bei allen im 4-Wochen-Rhythmus auf, um einen Auftrag zu machen. Sie bieten die gleichen Angebote und Mengen an – und wundern sich dann, wenn sie den Umsatz betreffend nicht wirklich vorankommen. Denn wenn Sie den Umsatz deutlich steigern wollen, müssen Sie Ihre knappe Zeit mit den richtigen Kunden und Interessenten verbringen. Überzeugen Sie nämlich die richtigen Abnehmer von Ihren Konzepten und Ideen, dann werden Sie automatisch mit diesen wachsen.

Darum ist es wichtig, dass Sie sich über Ihre Zeitverwendung noch besser bewusst sind. Denn gerade Zeit ist das knappste Gut – nicht unbedingt Geld. Während Sie womöglich bei einem lieben Kleinstkunden Ihren Kaffee trinken, der schon über Jahre hinweg nur Kleinstaufträge macht und nur noch aus reiner Gewohnheit und Höflichkeit von Ihnen besucht wird (Wer ist nicht gerne bei netten Kunden?), ist Ihr Mitbewerber gerade bei Ihren besten Kunden ...

Doch viele Verkäufer sagen sich: Wozu soll ich meine Kunden bewerten? Ich habe doch Zeit genug, da gehe ich dann einfach wie bisher immer zu allen regelmäßig hin und biete so viel wie möglich an. Hat ja bisher auch gut geklappt – und alle haben sich ja gut daran gewöhnt. Ein fataler Fehler.

| Die ungefähren Reisetage im Jahr eines Verkäufers | |
|---|---|
| Tage im Jahr | 365 Tage |
| – Wochenenden | 104 Tage |
| – Feiertage | 10 Tage |
| – Urlaubstage | 30 Tage |
| – Krankheitstage | 5 Tage |
| = Mögliche Reisetage | 216 Tage |
| – Tagungen | 6 Tage |
| – Verkaufstrainings | 6 Tage |
| **= Verfügbare Reisetage im Jahr** | **204 Tage** |

Die Tage vergehen teilweise wie im Flug. Wenn gerade der Jahresendspurt vorbei ist, beginnt schon für viele wieder der Quartals- oder Halbjahresendspurt. Ehe man sich da versieht, ist schon wieder ein Jahr vorbei. Machen Sie sich daher doch einmal ein Bild über Ihre verwendete Zeit. Schreiben Sie konsequent auf, wie viel Zeit Sie für welche Tätigkeiten aufbringen. Auch wenn Sie rund 200 Reisetage im Jahr haben, so verteilen sich diese auf sehr unterschiedliche Aufgaben:

**Der Verkaufsalltag sieht nicht nur Zeit für umsatzproduzierende Maßnahmen vor**

**Zeit vor Ort beim Kunden:**
- für tatsächliches Verkaufsgespräch
- für die Auftragserfassung
- für Planung der weiteren Zusammenarbeit
- für Reklamationen/Umtäusche
- für das Eintreiben der fälligen Forderungen
- für Schulungen beim Kunden
- für Warenplatzierungen
- für Privatgespräche
- für Wartezeiten

**Zeit im Büro**
- Auftragsbearbeitung
- Berichte erstellen
- Gesprächsvorbereitung
- Gesprächsnachbereitung
- Spesenabrechnung
- Reklamationsnachbearbeitung
- Sonstige Verwaltungsaufgaben
- Telefonisch fällige Rechnungen anmahnen

**Sonstiges**
- Zeit im Auto
- Zeit auf Konferenzen
- Telefonate mit Kollegen
- Telefonate mit Kunden
- Weiterbildung
- Zeit für Reflexion
- Zeit für Mahlzeiten und Pausen

Sie müssen sich darüber im Klaren sein, dass Zeit Ihr wertvollstes Gut ist. Ihr Erfolg ist entscheidend davon abhängig, womit und bei wem Sie Ihre Zeit verbringen. Überlegen Sie daher genau, ob Sie das, was Sie machen, wirklich Ihren Zielen näherbringt – oder vielleicht nur unproduktive Gewohnheit ist. Natürlich: Es müssen auch manche Dinge getan werden, die nicht zu kurzfristigen Umsätzen und Gewinnen führen. Aber müssen zurzeit so viele Dinge von Ihnen getan werden, die nicht einmal langfristig zu mehr Umsatz und Gewinn führen? Hinterfragen Sie bewusst die nächsten zwei Monate all Ihre Tätigkeiten mit der Frage „Bringt mich das, was ich gerade mache, wirklich weiter? Verdiene ich jetzt damit Geld oder mache ich es einfach nur, weil ich es schon immer gemacht habe?"

Sie sehen, dass Ihre knappe Ressource Zeit sinnvoll einzusetzen ist. Daher ist es hilfreich, wenn Sie Ihre (potenziellen) Kunden nicht nur nach Umsatz, Deckungsbeitrag oder Potenzial bewerten, sondern auch andere Kriterien einfließen lassen. So können Sie in Ihrer Unternehmung leichter Prioritäten setzen und entscheiden.

Schließlich gibt es viele vergangenheits- und zukunftsorientierte Faktoren, die den Erfolg und auch die Wichtigkeit von Geschäftsbeziehungen bestimmen. Dabei gibt es nicht nur quantitative, sondern auch qualitative Größen:

**Qualitative Größen für die Bewertung von Geschäftsbeziehungen**
- Welches Einkaufsvolumen hat der Kunde?
- Wie ist seine Bereitschaft, mit Ihnen zu wachsen?
- Wie treu ist er?
- Wie ist es um seine Preissensibilität bestellt?
- Wie ist seine Bonität und Zahlungsweise?
- Wie viel seines derzeitigen Bedarfs deckt er bei Ihnen?
- Wie regelmäßig erfolgen Aufträge?
- Welche strategische Bedeutung hat der Kunde (Meinungsbildner, Imageträger)?
- Wie betreuungsintensiv ist er?

Natürlich wäre es viel zu aufwendig, nun den gesamten Kundenbestand zu bewerten. Aber wenn Sie dieses ausschließlich mit Ihren wichtigsten Kunden machen, können schon diese Ergebnisse sehr aufschlussreich sein. Definieren Sie somit für sich zuerst die wichtigsten Bewertungskriterien. Danach legen Sie fest, mit welchem Anteil diese Kriterien mittels der Gewichtung die Gesamtbewertung (Score) beeinflussen sollen.

| Bewertung: Meyer AG | | | |
|---|---|---|---|
| Kategorie | Gewichtung | Bewertung | Score |
| Umsatz | 20 | 7 | 140 |
| Potenzial | 10 | 10 | 100 |
| Deckungsbeitrag | 30 | 5 | 150 |
| Bonität | 30 | 10 | 300 |
| Wachstumsbereitschaft | 10 | 3 | 30 |
| | 100 | | 720 |

| Bewertung: Schmidt AG | | | |
|---|---|---|---|
| Kategorie | Gewichtung | Bewertung | Score |
| Umsatz | 20 | 3 | 60 |
| Potenzial | 10 | 10 | 100 |
| Deckungsbeitrag | 30 | 3 | 90 |
| Bonität | 30 | 8 | 240 |
| Wachstumsbereitschaft | 10 | 10 | 100 |
| | 100 | | 590 |

Tabelle 2: Die systematische Bewertung Ihrer wichtigsten Kunden hilft Ihnen, Ihre Ressourcen besser einzusetzen.

An dem vorgestellten Verfahren ist zu bemängeln, dass diese Vorgehensweise höchst subjektiv ist. Denn wenn Sie nun beispielsweise dem „Potenzial" eine größere Bedeutung und Gewichtung als der „Bonität" beimessen, kann dieses die Gesamtnote entscheidend beeinflussen. Auch ist es anspruchsvoll, die Bewertung der einzelnen Kategorien einheitlich für alle Kunden durchzuführen. Dennoch spricht für diese Methode, dass sie Ihnen klare Tendenzen und Prioritäten aufgrund eines transparenten Bewertungsschemas aufzeigt. Auch sind die schlussendlichen Bewertungspunkte des Kunden für jeden leicht zu verstehen und können somit leicht im Verkaufsalltag berücksichtigt werden.

> **Praxistipp**
>
> Egal wie Ihre Kunden klassifiziert werden, wichtig ist, dass allen Personen, die Kontakt mit Ihren Kunden haben (Verkäufer, Buchhaltung, Kundendienst), die gleichen wesentlichen Informationen vorliegen, um „mit einer Zunge" zu sprechen und sich der Kundenwichtigkeit angemessen flexibel zu verhalten.

Viele Unternehmen klassifizieren ihre Kundschaft in A-, B- und C-Kunden. Häufig wird dazu der Umsatz als Bewertungsmaßstab genommen, beispielsweise so:

| Umsatz | | Score |
|---|---|---|
| > 50.000 Euro | = | A-Kunde |
| 25.000 – 49.999 Euro | = | B-Kunde |
| 5.000 – 24.999 Euro | = | C-Kunde |
| 1.000 – 4.999 Euro | = | D-Kunde |
| 1 – 999 Euro | = | nur Telefonanruf |

Nach dieser Einteilung werden die Kunden unterschiedlich intensiv betreut und behandelt. Denkbar wäre für die A-Kunden ein exklusiverer Service (schnellere Lieferung, andere Angebote, spezielle Seminare und Events sowie besondere Weihnachts-, Geburtstags- und Jubiläumsgeschenke).

Grafisch verteilen sich die einzelnen Kundengruppen in der Lorenzkurve häufig folgendermaßen:

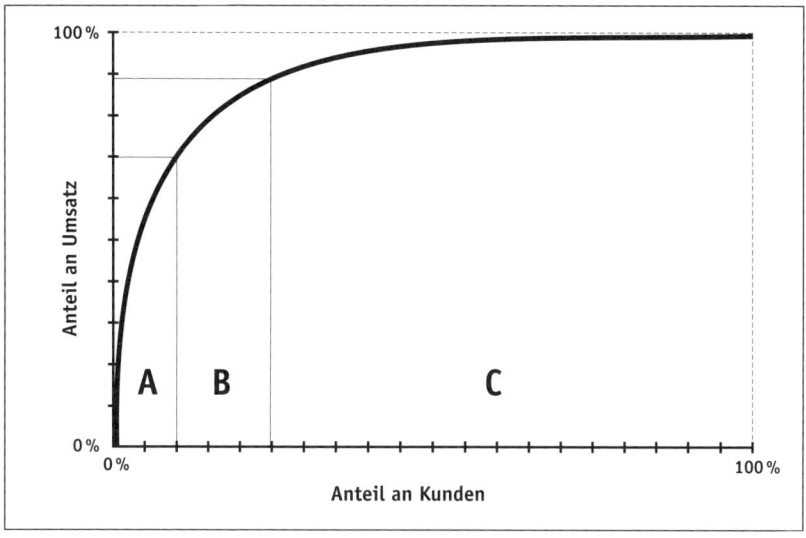

Abbildung 2: Die Lorenzkurve zeigt, dass die A-Kunden den Großteil des Umsatzes auf sich vereinen.

Anhand der Grafik sehen Sie ein Phänomen, welches für viele Unternehmen gilt: Sehr wenige Kunden, die A-Kunden, haben den größten Anteil am Umsatz. Häufig wird von der 20/80-Regel oder Paretoregel gesprochen, bei der also 20 Prozent der Kunden 80 Prozent des Umsatzes ausmachen. Doch in manchen Branchen ist die Abhängigkeit von wenigen Kunden viel größer. Wenn Sie sich die Zeit für die Erstellung einer solchen Grafik nehmen, verdeutlichen Sie sich sehr gut Ihre individuelle Abhängigkeit von Großkunden. Aber sie zeigt auch sehr klar auf, ob nicht möglicherweise zu viel Zeit und Arbeit in Kleinstkunden investiert wird. Schließlich „klammern" sich gerade Verkäufer aufgrund von Gewohnheiten und emotionalen Bindungen an diese, obwohl meistens die Zeit für die Neukundenakquise zur Generierung „richtiger" Kunden besser eingesetzt wäre.

Problematisch ist, dass diese Einteilung gar nichts über das Einkaufspotenzial der Kunden aussagt. Denn kauft beispielsweise Ihr C-Kunde, der derzeitig mit Ihnen 6.000 Euro macht, bei Ihrem Mitbewerber noch für weitere 100.000 Euro ein? Oder bezieht er bereits alles, was er aus Ihrem Angebot gebrauchen kann, von Ihnen und ist deswegen im Moment nicht steigerungsfähig? Auch ist fraglich, welche Deckungsbeiträge mit den A-Kunden erwirtschaftet werden. Gerne wird behauptet, dass treue Kunden (und das sind in der Regel A-Kunden, da sie gewöhnlich im Laufe der Jahre aufgebaut und entwickelt wurden) weniger preissensibel sind. Aber zeigt nicht auch häufig die Realität, dass gerade die besten beziehungsweise interessantesten Kunden von einigen Mitbewerbern ausschließlich über den Preis gewonnen werden sollen, sodass häufig die Marge bei den A-Kunden deutlich niedriger ausfällt als bei den B- und C-Kunden? Antworten kann Ihnen hier nur eine individuelle Kundendeckungsbeitragsrechnung geben. Eine solche A-, B- und C-Analyse können Sie allerdings nicht nur nach Umsätzen machen, sondern auch nach anderen Kriterien. Beispielsweise Deckungsbeiträgen oder Gewinnen. Sie hätten es dann leichter, verlustbringende Kunden zu identifizieren.

> **Praxistipp**
>
> Ihnen dürfen nicht nur die gegenwärtigen Umsätze Ihrer Kunden präsent sein, sondern ebenso deren Umsatzwachstumsmöglichkeiten sowie deren Marktbedeutung. Auch nicht zu verkennen ist das Zahlungsverhalten. Denn was nützen Ihnen die besten Kunden, wenn diese Sie durch ihr schlechtes Zahlungsverhalten in die Bredouille bringen?

Ihre Aufgabe als Verkäufer ist es, die Waage zwischen Großkunden und Kleinstkunden stets richtig auszugleichen. Denn während die Konzentration auf Großkunden für eine Abhängigkeit sorgt, droht bei der Verwaltung und Betreuung zu vieler Kleinstkunden die Gefahr der Verzettelung. Sie brauchen aber eine optimale Mischung, damit Ihre Zukunft auf sicheren Beinen steht. Die Praxis zeigt leider manchmal, dass einige Verkäufer zunehmend faul werden, wenn sie ein paar Großkunden ihr Eigen nennen.

Denn wenn sie für sich entscheiden, dass mit diesen auch gut die Jahresziele erreicht werden können, vernachlässigen sie viele kleinere Kunden und häufig sogar die komplette Neukundengewinnung. Das Geschrei ist dann groß, wenn dann ein Großkunde vom Mitbewerber abgeworben wird. Ihnen wird bedauerlicherweise erst jetzt richtig bewusst, dass ihr Verkaufstrichter „ausgetrocknet" und ihre übliche Zielerfüllung für die nächste Zeit gefährdet ist.

## 1.4 Umsatz ist kein Gewinn

Es gibt für Verkäufer im Außendienst kein klares Berufsbild. Deswegen kennen sich manche aufgrund ihres Werdeganges sehr gut mit Buchführung und Kostenrechnung aus, andere nahezu gar nicht.

Die Buchführung differenziert Kosten in fixe und variable Kosten. Fixe Kosten sind Kosten, die immer anfallen. Beispielsweise sind das die Kosten für Miete, Gehälter, kalkulatorische Zinsen oder Abschreibungen. Natürlich laufen diese Kosten nicht unendlich. Denn ein mögliches Mietverhältnis kann durchaus gekündigt werden – aber eben nicht kurzfristig. Das heißt, es liegt in der Natur der fixen Kosten, dass diese über einen gewissen Zeitraum in einer bestimmten Höhe immer anfallen, egal wie intensiv beispielsweise die Räumlichkeiten des Mietobjekts genutzt werden, oder ob der Mitarbeiter mit Festgehalt arbeitet oder nicht. Also: Fixe Kosten sind leistungsunabhängig. Viele Unternehmer aber auch Privathaushalte (dort sind typische fixe Kosten Miete, Kreditraten, Versicherungsbeiträge, Gebühren) haben teilweise große Mühe, diesen oft großen Kostenblock jeden Monat fristgerecht zu decken.

Dagegen verhält es sich bei variablen Kosten anders. Diese stehen in einem engen Verhältnis zur Leistung. Wenn beispielsweise ein Industriebetrieb 100.000 Gläser Gurken produziert, dann fallen entsprechend oft die Kosten für das Glas, das Etikett, den Deckel als auch den Inhalt an (zuzüglich eines gewissen Verschleißaufwands). Variable Kosten sind somit leistungsabhängig: Wenn die Produktionsmenge steigt oder sinkt, steigen oder fallen diese Kosten entsprechend. Aber die dafür notwendigen Maschinen, die in der Produktionshalle stehen, schlagen jeden Monat mit ihrem Abschreibungsbetrag zu Buche, egal ob sie nun benutzt werden – oder nicht. Nun gilt es, unternehmerisch gesehen, nicht nur die Kosten für die verkehrsfähigen Gurkengläser wieder einzunehmen, sondern unter anderem auch für die Maschinen, das Lager als auch den Mitarbeiterstab.

Aufgrund des Wettbewerbs ist es häufig nicht immer möglich, mindestens das Geld vom Kunden für ein Produkt zu erhalten, welches es an variablen und anteilsmäßig fixen Kosten verursacht hat. Die Deckungsbeitragsrechnung ermittelt, ob, bezogen auf das Produkt, den Kunden oder einer anderen Bezugsgröße zumindest die variablen Kosten wieder eingefahren werden und wie hoch der Betrag darüber hinaus (der Deckungsbeitrag) dabei hilft, den hohen Fixkostenblock anteilsmäßig zu schmälern. Erst wenn dieser ebenfalls für das gesamte Unternehmen getilgt worden ist, kann ein Gewinn entstehen.

Das bedeutet: Ein Unternehmen kann auch einzelne Aufträge annehmen, bei denen nicht unmittelbar Gewinne erwirtschaftet werden. Es sollten aber zumindest Deckungsbeiträge erwirtschaftet werden, um anteilsmäßig den Fixkostenblock zu senken. Erst wenn sämtliche fixen und variablen Kosten über den Verkaufspreis erlöst worden sind, sind Gewinne möglich.

Viele oft erfolglose Unternehmer und Verkäufer haben ein zu geringes kaufmännisches Verständnis. In der Konsequenz setzen sie ohne böse Absicht oft falsche Prioritäten. Menschen auf der Erfolgsspur hingegen kennen sich nicht nur mit ihrem eigenen Zahlenwerk aus. Sie sind aufgrund ihres Sachverstandes häufig auch ein wertvoller Berater für ihre Kunden.

Verkäufer produzieren ebenfalls fixe und variable Kosten. Bei Ihrem eventuell vorhandenen Firmenwagen ist die monatliche Leasing- oder Kreditrate fix. Ob Sie nun herausfahren, oder nicht: Der Betrag ist jeden Monat fällig. Währenddessen ist der Treibstoff abhängig von Ihrer Arbeitsintensität. Wenn Sie viel reisen, müssen Sie folgerichtig häufiger tanken, als wenn Sie zwei Wochen krank sind und der Wagen unbenutzt in Ihrer Garage steht. Weil die Treibstoffkosten somit von der Fahrleistung des Autos abhängig sind, handelt es sich hierbei um eine variable Kostenart. Würden Sie nun während dieser Krankheitsphase von Ihren Kunden telefonisch die Aufträge in gleicher Höhe wie sonst einholen, würden Sie nun einen höheren Deckungsbeitrag als sonst erwirtschaften – da Sie ja weniger Treibstoffkosten verursacht haben und die Telefonkosten wahrscheinlich deutlich niedriger sind. Zum Glück für die Arbeitsplatzsicherheit der Verkäufer im Außendienst funktioniert diese Art der Kostensenkung nur kurzfristig – andernfalls hätten wahrscheinlich noch mehr Unternehmer die Schnittstelle Unternehmen zu Kunden an Callcenter ausgelagert.

| Beispiel einer kundenspezifischen Deckungsbeitragsrechnung |
|---|
| **Bruttoumsatz** |
| – Erlösschmälerungen (Rabatt, Skonto, …) <br> = Nettoumsatz <br> – variable Produktionskosten <br> = Deckungsbeitrag I <br> – Kundenbedingte Auftragskosten (Administration, Versand, …) <br> = Deckungsbeitrag II <br> – Kundenbedingte Betreuungskosten (Reisekosten, bestimmte Marketingkosten) <br> – Relative Einzelkosten für den Kunden (Werbekostenzuschuss, Abzinsung, Forderungen, besondere Betreuungskosten, …) |
| = Deckungsbeitrag III |

| Beispiel einer verkäufer- beziehungsweise bezirksspezifischen Deckungsbeitragsrechnung |
|---|
| **Bruttoumsatz** |
| − Erlösschmälerungen (Bonus, Skonto, …)<br>= Nettoumsatz<br>− direkt zurechenbare Herstellkosten<br>− Provisionen/Prämien<br>= Deckungsbeitrag I<br>− sonstige Kosten Außendienst (Kfz, Spesen, Sozialabgaben, Muster, …)<br>= Deckungsbeitrag II<br>− Transportkosten<br>− Kosten der Auftragsabwicklung<br>− Zinsen für Außenstände<br>− Kosten für Marketingmaßnahmen im engeren Sinne |
| = **Deckungsbeitrag III** |

**So erhöhen Sie den Deckungsbeitrag**

- Grundsätzlich bietet sich an, zu höheren Preisen zu verkaufen. Also entweder weniger Rabatte zu geben oder die Preise insgesamt zu erhöhen.
- In der Regel sind die zu erwirtschaftenden Deckungsbeiträge bei jedem angebotenen Produkt unterschiedlich hoch. Wenn Sie also profitablere Produkte anstelle von weniger profitableren Produkten verkaufen, haben Sie unterm Strich auch etwas gekonnt. Dies gilt ebenfalls, wenn Sie an der Kundenstruktur in Ihrem Verantwortungsbereich arbeiten.
- Getreu dem Motto „Immer dran denken, Kosten senken", können Verkäufer hier auch viel erreichen. Beispielsweise weniger Spesen (Übernachtung, Kundengeschenke, Bewirtung) produzieren oder gezielter und wirtschaftlicher die Kunden mit dem Firmenwagen betreuen. Grundsätzlich sollten Sie sich vor jedem Kontakt fragen, ob wirklich ein persönlicher Besuch Ihrerseits notwendig ist oder ob Sie Gleiches

per Telefon erreichen können. Auch sollten Sie abwägen, ob Sie mehr telefonieren oder mailen können.
- Ebenfalls wirkt es sich sehr positiv aus, wenn die durchschnittliche Bestellmenge erhöht wird, sodass weniger Lieferungen insgesamt anfallen und/oder die Frachtkosten anteilsmäßig zum Auftragswert niedriger sind.
- Expresslieferungen verursachen gewöhnlich überproportionale Kosten. Sind sie wirklich immer notwendig, oder wären sie durch eine andere Organisation häufiger vermeidbar?
- Umso höher die produzierende Menge ist, desto niedriger sind die Kosten je Stück. Doch kurzfristige Kundenaufträge können den gesamten Produktionsablauf torpedieren und somit die Stückkosten nach oben treiben. Auch sind sich viele Verkäufer gar nicht darüber bewusst, mit welch einem Aufwand manch kleiner Kunden-Extrawunsch intern erst realisiert werden kann.
- Missverständnisse durch Fehlberatungen, falscher Auftragserfassung oder nicht richtigem Zuhören führen zu Reklamationen. Die Bearbeitung von Reklamationen kostet Zeit und Geld. Zu viele Reklamationen führen zu Stress und Demotivation. Außerdem halten sie von anderen zu erledigenden Aufgaben ab, wie beispielsweise der weiteren Umsatz- und Kundengewinnung.

Als Mitarbeiter sollten Sie sich stets fragen, ob Sie die Kosten, die Sie verursachen, rechtfertigen können. Denn schließlich geben Sie als Angestellter das Geld Ihres Arbeitgebers aus, oder schmälern als Selbstständiger unnötig Ihren Gewinn. Führungskräfte werden zunehmend offener für Leistungslöhne, die sich nicht nur an Umsätzen orientieren, sondern an den erwirtschafteten Deckungsbeiträgen.

## 1.5 Weniger fahren – mehr verdienen

*Als ich noch im Außendienst war, habe ich öfters während der Autofahrt telefoniert – manchmal auch privat. So klingelte einmal gegen 7.15 Uhr mein Telefon. Mein Bruder stellte erstaunt fest, dass ich ja schon unterwegs bin. Er spielte das dann allerdings recht schnell mit den Worten „Naja, Auto fahren ist ja keine Arbeit!" runter. Daraufhin erwiderte ich: „Sag' das mal einem Taxi- oder Busfahrer!" Doch während Taxifahrer für das Fahren bezahlt werden, verdient ein Verkäufer sein Geld mit erfolgreichen Kundengesprächen. Aber wann haben Sie zum letzten Mal darüber nachgedacht, wie Sie Ihr Auto geschickter einsetzen?*

Die Einteilung von Verkaufsbezirken wird entscheidend von dem Nutzen-Kosten-Verhältnis, dem Absatzpotenzial sowie der Arbeitslast beeinflusst. Wenn also ausreichend positive Deckungsbeiträge in dem jeweiligen Verkaufsbezirk erwirtschaftet werden, ist schon viel gekonnt. Hauptproblem bildet die Ermittlung des Absatzpotenzials, denn dieses kann nur selten mit großer Sicherheit bestimmt werden. Auch können Verschiebungen durch beispielsweise Standortverlagerung, Expansion oder Kontraktion (Schließung) des Kunden die Planungen über den Haufen schmeißen.

Mit Arbeitslast ist gemeint, dass der Verkäufer nur eine bestimmte Anzahl von Besuchen pro Arbeitstag leisten kann. Manche Kunden sind aufgrund ihrer Wichtigkeit häufiger zu besuchen als andere. Somit kann im Umkehrschluss ein Verkäufer auch nur eine gewisse Menge an Kunden und potenziellen Abnehmern wirtschaftlich und professionell betreuen.

Es gibt zwei typische Gründe für geografische Veränderungen von Bezirken:
- Der Verkäufer ist voll ausgelastet und kann nun weitere Interessenten/Kunden nicht mehr betreuen. Darum gibt er Teile an Kollegen ab.
- Die Bezirksbetreuung ist mit dem derzeitigen Zuschnitt nicht mehr profitabel genug, sodass der Bezirk deswegen vergrößert oder anders betreut wird.

> **Praxistipp**
>
> Als einzelner Verkäufer können Sie kurz- und mittelfristig an Ihrem Bezirkszuschnitt nichts ändern – aber an Ihrer Tourenplanung. Wenn Sie diese im Griff haben, bleibt Ihnen in der Regel auch mehr verkaufsaktive Zeit. Da Sie letztlich für das Verkaufen bezahlt werden und nicht für das „Herumfahren", sollten Sie darüber stets nachdenken.

Der Erfolg des Verkäufers in seinem Bezirk ist stark von seiner Tourenplanung abhängig. Denn diese beeinflusst entscheidend, bei wem er wann wie oft ist. In manchen Firmen gibt es strenge Vorgaben, nach denen sich der Verkäufer zu richten hat. So schreibt ihm beispielsweise sein EDV-System vor, wann er bei welchem Kunden zu sein hat. Anhand seiner Angaben im Tagesbericht, seinem Auftrag oder aufgrund von Anrufen bei Kunden wird dann der Verkäufer überprüft, ob er sich auch wirklich daran gehalten hat. Andere Firmen handhaben dieses deutlich entspannter: Der Verkäufer bekommt seinen Bezirk zugeteilt und eine Liste, aus der die bisher kaufenden Kunden hervorgehen. Daraus hat er nun das Beste zu machen. In der Praxis orientiert sich der Verkäufer dann häufig an seinem Vorgänger und fährt die bestehenden Abnehmer so ab wie dieser. Häufig behält er über Jahre die Tour 1:1 bei. Aber kann das richtig sein? Ein Bewusstsein für den Erfolgshebel, den eine potenzialorientierte Tourenplanung haben kann, fehlt in 80 Prozent aller Vertriebe. Statt gezielt das Geschäft durch regelmäßige Tourenoptimierungen auszubauen, werden Kunden eher verwaltet. Oder welcher Begriff als verwaltet würde es besser auf den Punkt bringen, wenn Verkäufer nahezu jahrzehntelang immer die gleichen Touren fahren?

Spitzenverkäufer gehen hier anders vor. Sie wissen um den Faktor Zeit und werden immer eine aktive Tourenplanung vornehmen. Sie werden sich auch nie – falls möglich – alleine auf Tourenvorschläge eines EDV-Systems verlassen, sondern immer eigene Einschätzungen einfließen lassen.

**Berücksichtigen Sie alle Faktoren für eine optimale Tourenplanung**
- Wohnsitz des Verkäufers
- Größe des Bezirks
- Verteilung/Ballung der Kunden im Bezirk
- Zahl der maximalen Kundenkontakte pro Tag
- Besuchshäufigkeit der unterschiedlichen Kundengruppen (A-, B- und C-Kunde)
- Anzahl der zu gewinnenden Kunden
- Zeitraum/-punkt, wann der Kunde zu besuchen ist (Öffnungszeiten, bevorzugte Besuchszeiten, Besuchstermine)

Bezüglich des Besuchszeitpunktes kann es für sehr verkaufsorientierte Tourenplanungen von hohem Interesse sein, wann der Mitbewerber den gleichen Kunden besucht. Denn dann kann der Besuch vor diesem entscheidend für den Auftrag sein.

Ziel einer Tourenplanung ist es, unproduktive An- und Abreisezeiten abzubauen, also eine Reiseroutenoptimierung. Das bedeutet in der Konsequenz, dass nicht unbedingt die kürzeste Strecke das Optimum darstellt, sondern die Strecke mit der kürzesten Fahrzeit. Denn eine geringere Verweildauer im Auto schafft Zeit für andere Dinge. Ob nun für weitere Kundengespräche, einer besseren Besuchsvor- und nachbereitung oder mehr Freizeit. Andererseits geht es aber auch darum, den Kunden optimal zu betreuen. Da kann ein höherer Besuchsrhythmus bei einem Kunden zu einer besseren Zusammenarbeit führen, während ein anderer zu viele Besuche eher als aufdringlich und lästig empfindet.

> **Praxistipp**
>
> Überprüfen Sie doch einmal Ihre Produktivitätsquote! Wie verhält sich Ihr Zeitinvestment beim Kunden im Verhältnis zur gesamten Reisezeit oder gar zur gesamten Arbeitszeit?

Allgemein ist festzustellen, dass es keine fairen Verkaufsbezirke gibt. Denn wie soll eine Region so in Verkaufsbezirke aufgeteilt werden, dass alle Verkäufer die gleichen Chancen haben? Von heute auf morgen kann sich die Nachfrage deutlich verschieben. Auch spielt es eine wesentliche Rolle, wie der Vorgänger im Bezirk gearbeitet hat. Dabei muss es nicht unbedingt so sein, dass der Nachfolger eines schlechten Vorgängers eine schwierigere Aufgabe hat als einer, der einem sehr guten Verkäufer folgt.

Die Arbeitslast ist in vielen Bezirken sehr unterschiedlich. Dies hat aber auch etwas mit dem Engagement jedes Einzelnen zu tun. So gibt es manche Verkäufer, die gerne viel und qualitativ sehr gut arbeiten – und entsprechend verdienen. Andere hingegen arbeiten qualitativ weniger gut und verdienen deswegen (hoffentlich!) entsprechend weniger. Erschwerend kommt hinzu, dass viele Verkäufer gewisse Informationen gerne für sich behalten. So gibt es in vielen Unternehmen ein ewiges Taktieren, da die Sorge besteht, dass andernfalls die einkommensbeeinflussenden Zielzahlen für die nächste Periode deutlich angehoben werden. Es ist deswegen durchaus verständlich, wenn ein „schwacher" Verkäufer lieber über sein angebliches hohes unrealistisches Umsatzziel in seinem Bezirk jammert, als womöglich zuzugeben, dass er eigentlich ein fauler Hund ist. Ein „guter" Verkäufer wird es sich auch überlegen, ob er vor der nächsten Zielvergabe verkündet, dass in naher Zukunft ein weiterer Großkunde zu seinen Neukunden gehört – da sonst womöglich seine Zielzahlen noch mehr steigen werden.

Erschwerend kommt in der Praxis hinzu, dass die wirtschaftlichste Tourenplanung nur selten mit dem Terminkalender des Kunden übereinstimmt. Also fahren viele Verkäufer eher intuitiv durch ihren Bezirk und versuchen die Urlaubszeiten, Mittagspausen und Öffnungszeiten ihrer Kundschaft mit ihrem Tourenplan abzustimmen. Doch leider ist der Tourenplan nicht immer einzuhalten, denn neben festen Besuchstagen, teilweise auch mit Uhrzeitterminen, kommen manchmal auch Sonderwünsche und „Feuerwehreinsätze" dazwischen. Beispielsweise ist dies dann der Fall, wenn der Kunde den persönlichen Termin kurzfristig verschieben möchte oder der

Außendienst „mal eben" über seinen Kofferraum Lagerengpässe des Kunden ausgleichen soll oder muss.

**Die Signale für eine Tourenplanänderung sind vielfältig**
Interessanterweise haben sich viele Verkäufer und auch Kunden an eine bestimmte Tour gewöhnt. Dies ist für beide Seiten bequem. Doch kann es richtig sein, beispielsweise
- alle Kunden weiterhin im Dreiwochenrhythmus zu besuchen, auch wenn sie unterschiedliche Bedürfnisse haben?
- Kunden im gleichen Takt wie vor drei Jahren zu besuchen, auch wenn sich die Einkäufe nach oben oder unten entwickelt haben?
- Kunden weiterhin aufwendig regelmäßig zu besuchen, auch wenn sie anscheinend an einer richtigen Zusammenarbeit nicht interessiert sind?

Viele Verkäufer fahren vorrangig zu ihren Kunden, um dort einen Auftrag abzuholen. Daran werden sie auch gerne von ihrer Führungskraft gemessen. Doch kann es geschickt sein, wenn Sie den Gesprächsschwerpunkt beim Kunden nahezu immer auf den kurzfristigen Auftrag legen? Wäre es nicht sinnvoller, sich viel mehr mit dem Kunden über seine Gedanken, Wünsche und Anforderungen für seine Zukunft zu unterhalten, bei der Sie sein Partner sind, der ihn mit Konzepten und Ideen unterstützt? Braucht nicht ein Kunde in der heutigen Zeit vor allem einen kompetenten Ansprechpartner, der ihn bei seinen Wachstumszielen unterstützt?

Natürlich, es wird sicherlich auch Kunden geben, die an einer solchen Art und Weise der Zusammenarbeit mit Ihnen (derzeitig) nicht interessiert sind – aber was ist mit den anderen?

Häufig klammern sich viele Verkäufer an Kleinstkunden, die mit einem immensen Aufwand (im Verhältnis zu dem, was dabei übrig bleibt), betreut werden, in der Hoffnung, dass diese irgendwann wachsen. Das kann in der Konsequenz dazu führen, dass Zeit für eine bessere Betreuung und

Entwicklung attraktiverer Kunden, die teilweise vielleicht auch noch gar nicht bei Ihnen Kunde sind, fehlt. Spitz könnte man sagen: Wer zu viel Zeit bei den „falschen" Kunden verbringt, startet ein Konjunkturprogramm für den aufmerksamen Mitbewerber. Denn der hat in der Regel mehr Lust mit einem „richtigen" Kunden sehr gute Umsätze zu machen, als mit vielen „kleinen" nur halbherzige.

Teilen Sie die Wochentour möglichst so ein, dass Sie beim Nichtantreffen des Kunden diesen am Folgetag besuchen können, weil Sie eh von der Tour her in der Nähe sind:

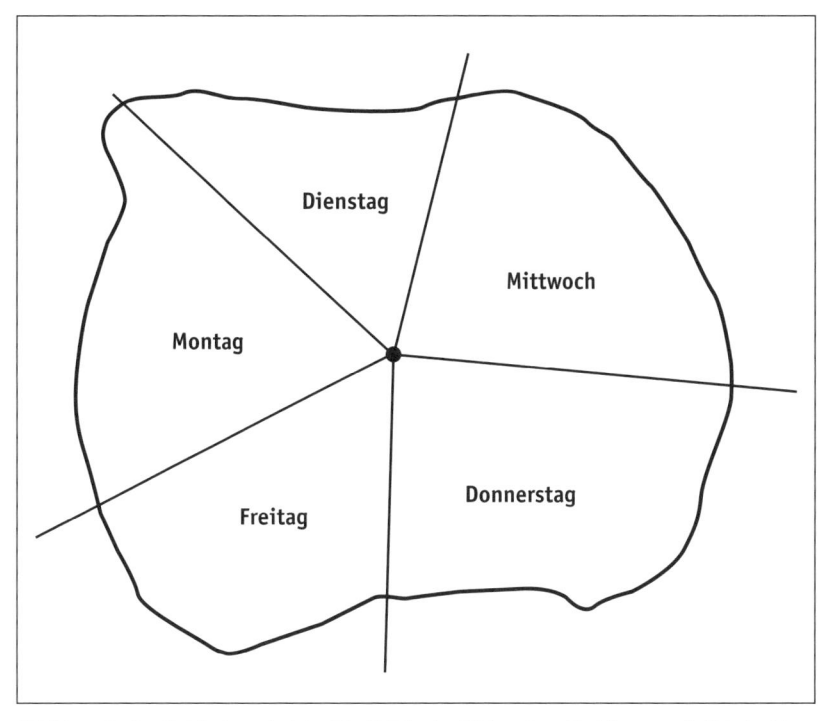

Abbildung 3: Der Verkäufer wohnt im Idealfall in der Mitte seines Bezirks, um möglichst wirtschaftlich zu reisen.

Fahren Sie die einzelne Tagestour nicht kreuz und quer. Besser ist ein systematisches Anreisen, um lange Leerfahrten (insbesondere zum ersten und vom letzten Kunden) zu vermeiden:

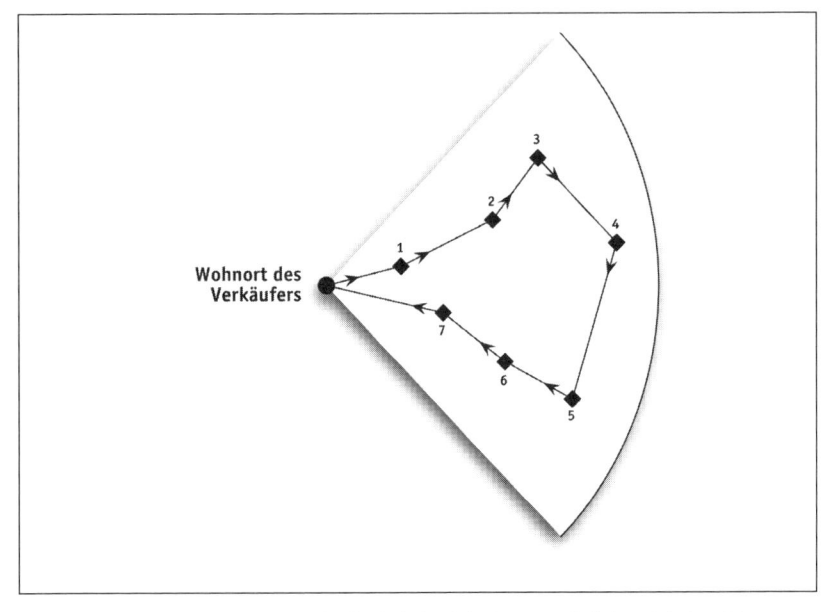

Abbildung 4: Die einzelne Tagestour ist logisch durchdacht, um möglichst viele Leerfahrten zu vermeiden.

Leider kann nicht der Tag komplett mit Terminen durchgeplant werden, da immer etwas dazwischenkommen kann. Berücksichtigen Sie also ausreichend Puffer, damit Sie pünktlich, zuverlässig und vorbereitet beim Kunden erscheinen. Außerdem macht es Sinn, Muss- und Kann-Besuche eindeutig zu definieren. Dabei ist eine vorherige Kundenklassifizierung hilfreich.

> **Tipps für Ihre Tourenplanung**
>
> Nicht jeder Kunde muss gleich oft besucht werden. Definieren Sie beispielsweise drei Kundenkategorien mit einem bestimmten Besuchsrhythmus. Beispielsweise A-Kunden alle vier Wochen, B-Kunden alle sechs Wochen und C-Kunden alle zwölf Wochen.
>
> Planen Sie ebenfalls Zeit für Besuche von Wunschkunden beziehungsweise potenziellen Neukunden ein.
>
> Rechnen Sie durch, ob die Tour überhaupt realistisch ist, indem Sie für die drei Kundenkategorien unterschiedliche Besuchszeiten kalkulieren. Beispielsweise für A-Kunden zwei Stunden, für B-Kunden 45 Minuten und für C-Kunden 15 Minuten.
>
> Planen Sie ausreichend Pufferzeiten ein.
>
> Arbeiten Sie regelmäßig an Ihrer Tourenplanoptimierung, denn die Struktur Ihrer Kunden ändert sich fortlaufend.
>
> Nur weil mal ein potenzieller Kunde vor fünf Jahren an Ihren Mitbewerber gebunden war, Sie nicht mochte oder andere Gründe für eine Absage nannte, muss dieses heute nicht auch noch gelten. Bringen Sie sich regelmäßig in Erinnerung und überprüfen Sie, ob eventuelle K.-o.-Kriterien immer noch vorliegen.

Nicht unerwähnt soll bleiben, dass es zahlreiche Softwareprogramme gibt, die Ihnen bei der Einteilung von möglichst einheitlichen Verkaufsbezirken und optimalen Touren behilflich sind.

> **Merke**
>
> 30 Minuten Planung können schnell 120 Minuten Zeit einsparen. Verlassen Sie sich nicht ausschließlich auf eine eventuelle Tourenplanungssoftware. Denn Ihre Software kann nur das wissen, was Sie ihr mitteilen. Doch was ist mit „eingeschlafenen" Kontakten?

Sollten Sie aus irgendwelchen Gründen einen Kunden nicht pünktlich besuchen können, dann informieren Sie ihn. Rufen Sie rechtzeitig an, wenn Sie einen Uhrzeit-Termin nicht fest einhalten können. Geben Sie Ihren Kunden auch die Information, wenn Sie einen Tag später kommen werden. Denn Sie können nur schwer von Ihren Kunden erwarten, dass diese sich auf Ihren Besuch vorbereiten und auch möglichst schnell Zeit für Sie haben, wenn Sie Verlässlichkeit nicht selbst vorleben.

# 1.6 Sie brauchen Kunden – egal was der Mitbewerber sagt

Viele Verkäufer kennen die Stärken der Mitbewerber recht gut. Leider sogar häufig besser als die eigenen. Interessant ist, dass manche Ihrer Konkurrenten sehr aktiv und teilweise sogar aggressiv sind, andere wiederum scheinen gemütlich und träge zu sein. Häufig haben Verkäufer „Lieblings-Mitbewerber" und „Erzfeinde". Mit einigen sprechen sie, tauschen sich aus und geben sich gegenseitig einige Tipps. Dies führt hin bis zu Empfehlungen wie „Geh du da mal hin, ich komme da nicht weiter." Und dann gibt es noch die „Erzfeinde". Sie überzeugen Kunden nicht, sondern überreden sie mit Geld. Manche Verkäufer gehen sogar so weit, dass sie über andere Verkäufer und Mitbewerber lästern und teilweise sogar Gerüchte in die Welt setzen. Auch ich habe da Erfahrungen gemacht:

*So nicht – Wettbewerbermobbing im* **Außendienst**
*Eine Kundin begrüßte mich mit den Worten „Na, Herr Schumacher, wollen Sie uns jetzt auch bald verlassen?" Ich fragte nach, und sie erklärte mir, dass ein anderer Vertreter ihr erzählt hatte, dass ich gehen würde. Weil ich davon ausgehen musste, dass sie mir eh den Namen nicht sagen wird, fragte ich „Und, hat er Ihnen wenigstens sonst etwas erzählt, mit dem Sie auch mehr Geld verdienen können oder Ihre Kunden noch mehr begeistern?" Sie verneinte und ich schloss das Thema ab mit den Worten „Ist ja schade, dass dieser Vertreter bei so einer langweiligen Firma arbeitet, dass ihm nichts Besseres einfällt, als über mich Lügen zu erzählen. Hoffentlich erzählt er nicht auch so etwas über seine Kunden …"*

Es ist gut, seine Mitbewerber zu kennen, die im eigenen Verkaufsbezirk unterwegs sind. Damit meine ich nicht zwangsläufig auch persönlich, sondern vielmehr deren Leistungsangebot und Argumentationsweise. Wenn Sie wissen, über welche Argumente und Aufhänger Ihre Mitbewerber Kunden akquirieren, dann können Sie sich darüber Gedanken machen, was Sie dem entgegensetzen wollen. Denn sehr wahrscheinlich wird ja früher oder später einer Ihrer Kunden mit dieser Thematik auf Sie zukommen.

Halten Sie sich damit zurück, von sich aus beim Kunden auf Mitbewerber zu sprechen zu kommen. Das ist ein typischer Anfängerfehler. Auch bringt es wenig, wenn Sie diese schlechtmachen. Denn häufig verteidigt der Kunde Ihren Mitbewerber, statt Ihnen zuzustimmen. Außerdem werden die meisten Kunden aus Ihren Aussagen folgern, dass Sie nicht viel zu bieten haben, wenn Sie sich nur dadurch größer machen können, indem Sie andere kleiner machen. Würdigen Sie durchaus auch Ihre Mitbewerber, wenn ein Kunde von diesen positiv erzählt. Das zeugt von Respekt und kommt, sofern ernst gemeint, bei vielen Kunden gut an. Selbst, wenn Sie wissen, dass das Lob des Kunden für Ihren Mitbewerber unberechtigt ist, seien Sie bitte vorsichtig. Denn wenn der Kunde davon überzeugt ist, dass Ihr Mitbewerber ein Lob wert ist, dann wird er nicht seine Meinung umgehend verändern, nur weil Sie ihm andere Fakten und Beispielgeschichten liefern. Eher im Gegenteil …

Ihr Erfolg vor Ort ist nicht nur davon abhängig, welche Aktivitäten die Mitbewerber als Unternehmung selbst ergreifen, sondern vielmehr davon, wie deren Mitarbeiter vor Ort in Ihrem Bezirk diese umsetzen. So kann es passieren, dass beispielsweise ein Mitbewerber als gesamte Unternehmung gesehen sehr gute Produkte hat, viele begeisterte Kunden und auch einen hervorragenden Ruf. Doch deren Mitarbeiter bei Ihnen in Ihrem Verkaufsbezirk schafft es nicht, diesen Ruf zu transportieren und mit Leben zu füllen. Das ist für Sie natürlich ein Glücksfall. Andersherum kann es Ihnen auch passieren, dass eine an sich unbedeutende Firma in Ihrem Bezirk riesige Erfolge feiert. Vielleicht, weil deren Verkäufer hervorragend ist, oder das Unternehmen gerade in Ihrem Bezirk den Firmensitz hat und dadurch eine gewisse Strahlkraft besitzt.

Es bleibt nicht aus, dass manchmal Mitarbeiter ihre Verkaufstätigkeit beenden. Leider ist es eher die Ausnahme, dass ein Verkäufer sich bei allen seinen Kunden verabschiedet, alle Altlasten beseitigt und somit seinem Bezirksnachfolger gute Ausgangs- und Startchancen beschert. Manche Verkäufer bekommen kurz vor Ihrem endgültigen Ausstieg, warum auch immer, eher eine Scheißegal-Mentalität. Da werden schnell noch Aufträge ohne Bestellung fakturiert, um entsprechende Ziele kurzfristig zu schaffen. Oder Kunden wird beim nächsten Mal die Erledigung einer Reklamation in Aussicht gestellt, obwohl der Verkäufer genau weiß, dass er den Kunden nie mehr wiedersehen wird. Andere Verkäufer sind plötzlich „wie vom Erdboden" verschwunden, die Kunden wissen gar nicht, was los ist und der Mitbewerber hat leichtes Spiel.

***Aus dem Vertrieblerleben: Wenn der alte Job zum Bumerang wird …***
*Mit einer gewissen Genugtuung erinnere ich mich an ein Erlebnis aus meiner verkaufsaktiven Zeit: Eine Vertreterin eines Mitbewerbers, die in meinem Bezirk unterwegs war, ging plötzlich verloren: Kein Kunde wusste, wo sie war – sie verschwand tatsächlich von heute auf morgen. In den folgenden Wochen erfuhr ich dann von Kunden, dass diese Vertreterin gekündigt und einen anderen Bezirk bei einem anderen Mitbewerber bekommen habe. Die Kunden waren enttäuscht. Nicht, weil sie weggegangen ist, sondern weil sie weggegangen ist, ohne sich zu verabschieden. Aber der Clou kam dann ein paar Wochen später: Ihr neuer Arbeitgeber hatte entschieden, dass sie nicht mehr den in Aussicht gestellten Bezirk betreuen solle, sondern einen, bei denen sie viele ihrer alten Kunden wiedersehen würde. Der Gedanke des Arbeitgebers war logisch, schließlich musste er davon ausgehen, dass sie viele gute Beziehungen und Kontakte zu ihren damals betreuten Kunden hat. Leider traute sie sich nicht zu sagen, dass sie dort aufgrund ihres Abgangs nur verbrannte Erde hinterlassen hatte. Aber wie heißt es so schön: man sieht sich immer zweimal im Leben.*

> **Merke**
> 
> Sehen Sie Ihre Mitbewerber nicht als notwendiges Übel, sondern als Antrieb, um nicht in langweilige Routine zu verfallen.

## 1.7 Achtung Stammkundenfalle!

Es liegt in der Natur der Sache, dass die Geschäftsbeziehung keine Konstante ist. In manchen Perioden sind Sie vielleicht A-Lieferant für den Kunden in anderen Perioden C-Lieferant. Je nachdem, wie gut Sie sich im wahrsten Sinne des Wortes verkaufen. Ähnlich wie in allen anderen Beziehungen gibt es also mal gute Phasen und mal schlechte. Und manchmal ist es dann irgendwann einfach komplett vorbei.

Die Zeitspanne vom ersten Kontakt zum Interessenten über die Gewinnung als Kunden bis hin zum Ende der Geschäftsbeziehung wird als Kundenlebenszyklus bezeichnet. In der Regel verlaufen alle Kundenbeziehungen einer Unternehmung relativ ähnlich:

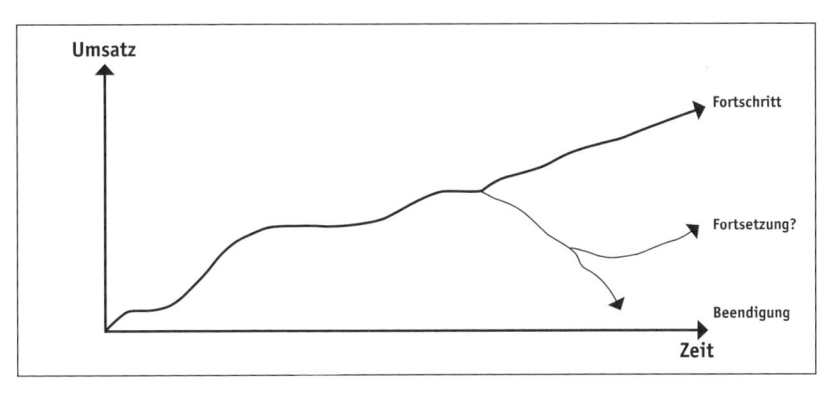

Abbildung 5: Der Kundenlebenszyklus zeigt die Entwicklung über die gesamte Geschäftsbeziehung auf.

Meist investieren Sie zuerst für die Kundengewinnung viel Zeit und Geld. Sobald der Kunde beginnt zu kaufen, müssen daher erst einmal die entstandenen Kosten der Geschäftsanbahnung wieder eingefahren werden. Mit zunehmender Entwicklung der Geschäftsbeziehung steigen im Idealfall die Umsätze, während die aufgelaufenen Kosten zunehmend sinken und im Idealfall zunehmend Gewinne erwirtschaftet werden.

Während zu Beginn der Geschäftsbeziehung der Kontakt zum Neukunden zuerst zu festigen ist, gilt es anschließend diesen zu stärken und für weitere Zufriedenheit und Begeisterung zu sorgen. Sollte die Beziehung gefährdet sein, muss überlegt werden, wie die Beziehung stabilisiert wird, um eine Beendigung zu vermeiden. Wenn die Stabilisierungsbemühungen gescheitert sind, müssen Maßnahmen ergriffen werden, um den Kunden wieder zurückzuholen.

Ihre Aufgabe als Verkäufer ist es, Maßnahmen zu ergreifen, um den Kundenlebenszyklus im Sinne aller Beteiligten auszubauen und zu verlängern. Sehr viele Unternehmen, die ich unterstütze, haben Probleme damit, dass ihre Verkäufer immer wieder in die Stammkundenfalle tappen.

**Sind Sie vielleicht schon in der Stammkundenfalle?**
- Kann es sein, dass für Sie der Auftrag mancher Kunden mittlerweile so selbstverständlich ist, dass Sie sich gar nicht vorstellen können, dass der Kunde mal keinen Auftrag für Sie hat?
- Hat möglicherweise Ihr Kunde das Gefühl, dass Sie sich gar nicht mehr richtig um ihn bemühen?
- Glauben Sie wirklich, dass Ihr Stammkunde Ihnen sagen würde, wenn er Wechselabsichten hätte?
- Was haben Sie eigentlich im letzten Jahr konkret für Ihre besten Kunden getan, damit diese merken, dass sie mit Ihnen den richtigen und besten Lieferanten haben?

Mit Kunden ist es wie mit der Ehe. Wenn man sich erst aneinander gewöhnt hat und die Routine die alles dominierende Größe ist, dann wird es gefährlich. Die Aufmerksamkeit für den Partner lässt nach und damit natürlich auch das Engagement.

Spätestens dann, wenn der Kunde deutlich signalisiert, dass er überlegt einen Lieferantenwechsel durchzuführen, schrillen beim Verkäufer sämtliche Alarmglocken und er wird aktiv. Doch vielleicht geht es ja auch anders: Wenn absehbar ist, dass die Gefahr der Routine einer zunehmend länger anhaltenden Geschäftsbeziehung groß ist, wie wäre es, wenn Sie (vielleicht auch mit anderen Kollegen) weitere Konzepte und Ideen erarbeiten, die zur besseren Kundenbindung und -entwicklung beitragen? Denn es gibt viele Unternehmen, die ihren Verkäufern viel „Munition" bieten, um neue Kunden zu bekommen, allerdings wenig Material haben, um Kunden zu binden und zu entwickeln.

Dem vielleicht naheliegenden Gedankengang „Wir tun einfach alles für den Kunden, dann klappt das schon!" möchte ich gerne vorbeugen. Denn zu viel Kundennähe birgt auch Risiken. Die Gefahr der Abhängigkeit ist das eine. Aber es besteht auch das Risiko, sich Gedanken für den Kunden zu machen und Lösungen zu liefern, die der Kunde gar nicht zu schätzen weiß beziehungsweise nicht will. Da wurden dann nicht nur Ihre Gelder verbrannt, sondern im schlimmsten Falle fragt sich der Kunde, ob Sie mit solchen Ideen und Lösungen überhaupt die Zukunft genauso einschätzen wie er, und deswegen womöglich nicht (mehr) der richtige Partner sind. Auch kann es passieren, dass der Kunde zunehmend Wissen und Mitarbeiter von Ihrem Unternehmen erwirbt.

> **Merke**
>
> Kundennähe ist gut, aber nur bis zu einem bestimmten Maß.

Das Thema „Empfehlungsfrage" ist für einige Verkäufer ein heikles Thema. Viele haben Angst, ihre Kunden nach Empfehlungen, also weiteren Adressen, zu fragen. Andere hingegen sind da sehr hemmungslos:

*So hatte ich beispielsweise gerade wenige Monate meinen Ausbildungsplatz zum Industriekaufmann, als plötzlich Besuch vor der Tür stand: Zwei Versicherungsvertreter waren da. Als höflicher Mensch habe ich sie natürlich hineingelassen. Sie erzählten mir – damals war ich noch 17 Jahre – und meinem Vater die Vorzüge einer speziellen Versicherung. Ich weiß nicht mehr genau, was das für ein Vertrag war, aber irgendwann lag dieser ausgefüllt vor mir. Es fehlte nur noch meine Unterschrift und die von meinem Vater. Irgendwie fühlte ich mich nicht ganz sicher. Ich wollte nicht unterschreiben und fragte, was denn passieren würde, wenn ich jetzt nicht unterschreibe. Einer der beiden antwortete dann: „Sie müssen heute unterschreiben, denn morgen ist das Angebot nicht mehr gültig!". Da sprang plötzlich mein Vater auf und schrie nur noch Worte wie „Raus!" und „Ist nur noch heute gültig. Wenn ich so was schon höre. Sie haben sich gefälligst zu bemühen!" So hatte ich meinen Vater noch nie erlebt! Also gingen wir zur Haustür – und während mein Vater sich noch mit einem der Herren bereits draußen „unterhielt", fragte mich der andere „Kennst du denn sonst noch jemanden, der gerade seine Ausbildung begonnen hat?" Ich wollte ihm gerade einen Freund benennen, als mein Vater nur noch brüllte „Runter vom Hof!"*

Dennoch kann die Frage nach Empfehlungen für Sie unter normalen Bedingungen Vorteile haben. Denn nur zufriedene Kunden werden Sie weiterempfehlen. Das heißt nicht zwangsläufig, dass ein Stammkunde, der Ihnen keine Namen oder Adressen gibt, nicht mit Ihnen zufrieden ist. Aber es zeigt zumindest auf, dass ein Kunde mit Ihrer Arbeit zufrieden ist, wenn er Sie weiterempfiehlt. Oder würden Sie Ihren Arzt oder Ihre Automarke weiterempfehlen, wenn Sie nicht voll dahinterstehen könnten?

> **Praxistipp**
>
> Fragen Sie gezielt Ihre besten Kunden nach Empfehlungen. Denn die Wahrscheinlichkeit ist groß, dass diese andere potenzielle Kunden kennen, die Ihnen auch gefallen würden.

## 1.8 „Dabei sein ist alles"? Die erfolgreiche Messebeteiligung

Bevor Sie sich für oder gegen eine Messebeteiligung entscheiden, müssen Sie sich fragen, ob Sie damit Ihren unternehmerischen Zielen näherkommen. Viele Unternehmen scheinen gewohnheitsgemäß immer wieder an gleichen Messen teilzunehmen, auch wenn sie nicht zufrieden mit den Ergebnissen sind. Häufige Begründungen sind dann „Ja, wir müssen dort ja mitmachen. Was sollen denn sonst unsere Kunden denken?" oder „Messe ist nun einmal Messe. Da kann man nur schwer den Erfolg messen (und darum messen wir ihn lieber auch erst gar nicht)." Letztlich dienen die meisten Messen den Ausstellern dazu, Präsenz zu zeigen, bekannter zu werden und sich auszutauschen.

Auf Messen verbrennen manche Aussteller wahnsinnig viel Geld. Teilweise werden fünf- bis sechsstellige Beträge dafür ausgegeben, dass eine Firma dort einen schönen Stand hat – und dann unternimmt das Standpersonal vor Ort so gut wie nichts. Das klingt jetzt vielleicht ein wenig pauschal, aber wie kann es sein, dass manche Besucher sich darüber beschweren, dass das Standpersonal sich lieber untereinander unterhält statt mit ihnen?

Formulieren Sie vorab klare Ziele. Nur so können Sie mit Ihren Kollegen diese auch ansteuern und mit höherer Wahrscheinlichkeit erreichen. In der Praxis begegne ich aber oft genügend Mitarbeitern auf Messen, die auf meine Frage, was denn deren konkrete Aufgabe heute hier ist, nur allgemein antworten mit „Ja, ich wurde für heute hier eingeteilt. Mal gucken, was so kommt." Diese Antwort zeigt stellvertretend auf, dass häufig das Standpersonal ganz andere Intentionen hat, als diejenigen, welche konkret die Messebeteiligung gebucht haben. Auch ist es ein Trugschluss zu glauben, nur weil man seine eigenen Verkäufer als Standpersonal einsetzt, dass diese ohne klare Aufgabenverteilung permanent automatisch leidenschaftlich und engagiert Messebesucher ansprechen, informieren und für eine mögliche Geschäftsbeziehung qualifizieren.

Es liegt auf der Hand, dass eine Messebeteiligung sich nur dann für Sie mit hoher Wahrscheinlichkeit lohnen kann, wenn dort auch Ihre Zielgruppe ist. Doch die Hauptfrage ist: Wie kriegen Sie die „richtigen" Besucher an Ihren Stand? Fragen Sie sich doch einmal, was die Besucher eigentlich auf der Messe wollen!

- Messebesucher wollen neue Trends und Entwicklungen erfahren und derzeitige Geschäftspartner sehen und auch Menschen kennenlernen, mit denen sie sonst vielleicht immer nur telefonieren.
- Sie wollen die emotionale und vielleicht auch sachliche Bestätigung bekommen, dass sie den richtigen Lieferanten haben. Aber auch Ideen entwickeln, wie sie noch erfolgreicher werden können.
- Sie wollen Angebote und Konditionen vergleichen und schauen, ob es für bestimmte wahrgenommene Probleme Lösungen gibt.
- Sie würden gerne Kollegen treffen, um sich mit ihnen auszutauschen.
- Sie möchten etwas dazulernen, egal ob nun durch die Teilnahme an Vorträgen, Workshops oder den Gesprächen mit Fachpersonal. Aber schön ist es auch, wenn sie Highlights erleben und mit dem Gefühl nach Hause gehen, dass sich für sie der ganze Aufwand gelohnt hat.

Berücksichtigen Sie, was Ihre Zielgruppe will und richten danach Ihr Messekonzept aus.

**Machen Sie sich vor jeder Messe genügend Gedanken**
- Mit welchem Konzept sollen Kunden zur Messe und zum Messestand gelockt werden?
- Wie sollen Kunden angesprochen werden?
- Wer hat welche Funktionen auf dem Messestand?
- Wie kommt die Standbesetzung an die Informationen der Besucher heran, die für die weitere Bearbeitung der Kontakte wichtig sind?
- Auf welche Art und Weise kann ein verbindlicher Verbleib geschlossen werden?
- Wer bearbeitet wann die Ergebnisse der Messe aus?
- Wer nimmt mit welchem Konzept wieder Kontakt mit den Messekontakten auf?

Machen Sie sich darüber Notizen, was Ihre Mitbewerber auf der Messe den Besuchern angeboten haben. Wie haben sie diese angelockt? Was haben sie denen mitgegeben? Wie war deren gesamter Auftritt? Noch viel mehr Notizen sollten Sie sich über die Besucher Ihres Standes aufschreiben. Denn andernfalls ist das Risiko groß, dass Sie bei der Messenachbereitung nicht mehr eindeutig erkennen können, wie „heiß" der jeweilige Kontakt derzeitig gerade ist. Im schlimmsten Falle schreiben Sie dann allen Besuchern den gleichen Dankesbrief für den Messebesuch und irritieren so manch einen Empfänger, der jetzt komplett andere Informationen oder Details erwartet hat.

Komischerweise werden Verkaufstrainer zur besseren Vorbereitung des Messepersonals von den wenigsten Unternehmen gebucht. Dennoch spielen gerade die Menschen auf dem Stand mit Ihrem Verhalten und Ihren Aussagen die entscheidende Rolle für den Messeerfolg. Denn eine Messebeteiligung, die nur nach dem olympischen Gedanken „dabei sein ist alles" durchgeführt wird, ist eine Zumutung für alle Beteiligten – und Geldverschwendung. Überlegen und trainieren Sie mit dem Standpersonal, mit welchen Formulierungen und Verhaltensweisen Besucher an Ihren Stand geholt werden können beziehungsweise als Besucher Ihres Standes angesprochen werden sollen. Überlegen Sie sich, wie die Gespräche eröffnet werden können. Machen Sie sich darüber Gedanken, wie der Messebesucher schnell qualifiziert werden kann (potenzieller Kunde oder nur werbegeschenksuchender Messebummler?). Wie wollen Sie wertschätzend an die Kontaktdaten kommen und einen Verbleib schließen? Wie gehen Sie mit möglichen schwierigen Themen um? Wie soll mit Mitbewerbern umgegangen werden, wenn diese Ihren Stand besuchen?

Wenn Sie Geschenke an Ihrem Stand bereithalten, sollten Sie sich fragen, ob Sie unterschiedliche verteilen werden. Denn es macht ja wenig Sinn, wenn die guten Kunden das Gleiche bekommen wie die Laufkundschaft. Auch das großzügige Verteilen von hochwertigen Messebroschüren oder Katalogen sollte gut überlegt sein. Wie wäre es mit der Visitenkarte als Gegenleistung? Haben Sie die Möglichkeit, mit befreundeten Unternehmen die Messe zu bewerben, sodass möglichst viele Messebesucher zu Ihrem Stand gehen?

Hin und wieder bin ich bei Treffen, die über XING organisiert werden. Hier haben Mitglieder die Möglichkeit, andere zu einer Veranstaltung einzuladen. Jeder, der kommen möchte, klickt dann entsprechend Ja. Traurigerweise ist es aber keine Seltenheit, dass sich beispielsweise 25 Mitglieder zu einer Veranstaltung anmelden – dann aber nur 15 vor Ort sind. Leider hat wohl das Wort – oder sollte ich lieber schreiben „der Klick"? – für viele Menschen keine Verbindlichkeit. Für mich persönlich ist es unverständlich, weshalb sich die Mitglieder dann nicht einfach vorher wieder abmelden. Aber es zeigt ein großes Problem für Ihre Messebeteiligung auf: Wie können Sie dafür sorgen, dass diejenigen, welche von Ihnen Freikarten bekommen, auch wirklich zu Ihrem Stand gehen? Können Sie vielleicht mithilfe von Bestätigungsschreiben die Gäste moralisch besser verpflichten?

**Überprüfen Sie immer den Erfolg Ihrer Messebeteiligung**
- Wie viele Besucher kamen an den Stand? Pro Tag? Pro Standpersonal?
- Was hat sie zu Ihrem Stand bewegt?
- Wie viele der Besucher kamen wegen von Ihnen initiierten Maßnahmen? Beispielsweise durch Freikarten, Anschreiben oder Lockangeboten.
- Zu welchen Zeiten kamen die meisten Besucher? Gab es dafür einen bestimmten Anlass?
- Wie viele waren davon Kunden, Interessenten und Messebummler?
- Was waren typische Fragen seitens der Besucher?
- Wie lang war ein durchschnittliches Gespräch?
- Wie war die Resonanz auf die anschließende Nachfassaktion nach der Messe?
- Wie hoch sind die Kosten der Messebeteiligung ausgefallen?
- Wie viele Kosten entfallen auf ein Gespräch oder einen neuen Interessenten?
- Wie viele neue Kunden oder Aufträge hat die Messe konkret gebracht?

Verschieben Sie die Analyse nicht auf die lange Bank. Und vergessen Sie bloß nicht, die Besucher individuell nachzubetreuen. Denn beispielsweise vier Wochen nach der Messe sind die meisten Ideen, Erfahrungen und Emotionen weg – sowohl bei den Messebesuchern als auch bei den Ausstellern. Die Gefahr ist groß, dass dann die nächste Messebeteiligung genauso wird, wie die vorherige, statt noch besser, weil Lerngewinne umgesetzt worden sind.

> **Praxistipp**
>
> Haben Sie schon einmal überlegt, ob Sie vielleicht manche der Besucher Ihres Standes mit einem Foto überraschen könnten, das Sie ihnen nach der Messe schicken oder persönlich überreichen?

Gratis stellt die AUMA, der Ausstellungs- und Messe-Ausschuss der deutschen Wirtschaft e.V., auf ihrer Webseite *www.auma.de* wertvolle Messetipps für Aussteller zum Download zur Verfügung.

Vergessen Sie nicht, dass Sie als Besucher auf Messen, in denen Ihre Zielgruppe ausstellt, auch viel erreichen können. Wo tummelt sich den häufig Ihre Zielgruppe? Und, sind Sie dann auch immer dabei?

# 2.
# Steigern Sie Ihre Verkaufsresultate durch bessere Organisation und Kommunikation!

## 2.1 Gute Vorbereitung spart Zeit, Geld und Nerven

Vor einem Gespräch mit Kunden oder Interessenten sollten Sie als Verkäufer über möglichst viele relevante(!) Informationen verfügen. Dadurch haben Sie mehr Sicherheit. Sie treten dem Kunden nicht nur kompetenter gegenüber, sondern dieser wird auch merken, dass Sie sich für ihn interessieren. Außerdem geht weniger wertvolle verkaufsaktive Zeit verloren, da viele notwendige Daten bereits vorliegen und nicht unnötig erfragt beziehungsweise erfasst werden müssen.

Bei bereits kaufenden Kunden wird Ihnen die Arbeit dadurch erleichtert, dass Sie aus Ihrer EDV oder anhand von aussagekräftigen Auftragsformularen (Kundenspiegel) wichtige Daten ermitteln können:

**Informieren Sie sich vor dem Kontakt über relevante Kundeninformationen**

### Kontaktdaten und sonstige Informationen:
Aus den Unterlagen sollten die Ansprechpartner, die Telefonnummern, die E-Mail-Adressen und die Anschriften hervorgehen. Ebenfalls spezielle Sonderwünsche, wie Besuchszeiten oder die Bitte, sich vor dem Besuch stets zwei Tage zuvor noch einmal kurz telefonisch zu melden.

### Produkte/bisherige Käufe:
Verkäufer müssen leicht erkennen können, welche Produkte ihr Kunde bisher gekauft hat. Denn wie sollen diese sonst merken, wenn der Kunde diese über einen längeren Zeitraum nicht mehr bestellt?

### Konditionen:
Welche Konditionen bekommt der Kunde generell? Wurden Abnahmemengen oder Umsätze fest vereinbart (Stichwort Jahresvereinbarung beziehungsweise Kontrakte)? Ist er mit seinem bisherigen Bestellverhalten im Plan – oder brechen Um- und Absätze komplett oder teilweise ein?

**Zahlungsverhalten:**
Schon so manch ein Verkäufer hat mit stolz geschwellter Brust einen Großauftrag gemacht, um dann von seinen Kollegen aus der Buchhaltung zu erfahren, dass dieser nicht bearbeitet wird: Der Kunde muss erst einmal seine noch offenen überfälligen Rechnungen begleichen. Daher müssen Sie überlegen, wie Sie den Informationsaustausch zwischen Buchhaltung und Verkäufer optimieren können. Diese könnten beispielsweise durch die bisherigen Zahlungsweisen und Sicherheiten des Kunden mithilfe einer Kreditwürdigkeitsnummer intern kommuniziert werden. Dieser Wert steht dann beispielsweise auf den Auftragsformularen oder im Auftragserfassungsprogramm. Wichtig ist, dass diese Information vor dem Kundengespräch beim Verkäufer ankommt – und nicht erst dann, wenn der Auftrag gemacht worden ist.

Wer sich auf seine Erfahrung und Intuition verlässt und sich deswegen nicht vorbereitet, verschenkt gewöhnlich bei jedem Gespräch bares Geld. Denn Sie können nicht von Ihrem Kunden erwarten, dass dieser 100-prozentig vorbereitet ist und an alles denkt. Sie sind Verkäufer und haben letztlich die Verantwortung dafür, daran zu denken, dass Sie all das Ihrem Kunden zeigen, anbieten und erklären, was zur Förderung der Geschäftsbeziehung beiträgt.

Es macht wenig Sinn, diese Analyse unmittelbar im Auto auf dem Kundenparkplatz durchzuführen. Denn häufig müssen noch Details erfragt oder beschafft werden. Stellen Sie sich vor, Sie wären Kunde und beobachten auf Ihrem Parkplatz durchs Fenster, wie Ihr Lieferant schon seit 15 Minuten im Auto Akten wälzt und eifrig telefoniert. Was würden Sie denken? Im Zweifelsfall etwas Positives oder eher etwas Negatives? Daher sollten die Reflexionen vor und nach dem Gespräch, wenn sie mal ausnahmsweise im Auto erfolgen müssen, zumindest außerhalb der Sichtweite des Kunden erledigt werden.

**Stellen Sie sich vor dem Kundengespräch zielführende Fragen**
- Was sind meine Ziele des bevorstehenden Gespräches?
- Gibt es noch offene Punkte, die geklärt werden müssen, die ich beim letzten Besuch nicht beantworten konnte?
- Bekomme ich noch Antworten oder Unterlagen vom Kunden, die er mir beim letzten Gespräch nicht gegeben hat?
- Was will ich unbedingt ansprechen (neue Produkte und Aktionen, Konzeptideen für die weitere Zusammenarbeit, noch zu leistende Unterschrift, beispielsweise für das Bankeinzugsformular, …)?
- Wie ist dazu mein individueller Kundeneinstieg?
- Brauche ich dafür bestimmte Hilfsmittel oder Unterlagen?
- Was müsste der Kunde eigentlich heute bestellen? Mit was rechne ich? Welche Produkte sollte ich heute ansprechen, weil sie die vom Kunden bisher gekauften Artikel optimal ergänzen (Cross-Selling)?
- Welche Minimal- und Maximalziele habe ich?
- Welche Einwände oder Widerstände könnten kommen – und wie will ich diese entkräften?
- Wie mache ich es meinem Gesprächspartner leicht, mir zuzuhören und sich für mich und meine Angebote und Ziele beziehungsweise Visionen zu entscheiden?
- Welche Punkte sind generell noch offen und zu klären?
- Woran merke ich, dass ich meine Ziele erreicht habe?

Große Fortschritte werden Sie erzielen, wenn Sie nicht morgens einfach mal intuitiv loslegen, sondern mehr planen. Fragen Sie sich somit beispielsweise zum Monatsbeginn, wie viel Umsatz Sie in dem Monat machen wollen. Beantworten Sie sich aber auch ehrlich, wie Sie dieses Ziel dann auch tatsächlich erreichen können. Mit welchen Angeboten oder Maßnahmen wollen Sie die Kunden für sich gewinnen?

Vergessen Sie nicht die zu erledigende Büroarbeit. Was muss dort getan werden? Gibt es Vorgänge, die bei Ihnen momentan „hängen"? Es wäre schade, wenn deswegen Kunden oder Kollegen unnötig warten müssen.

Legen Sie somit fest, welche Kunden Sie besuchen wollen. Gibt es auch noch Vorgänge, die noch nicht abgeschlossen sind? Wann und wie werden Sie diese wieder anstoßen?

Definieren Sie für sich eine Reihenfolge nach Prioritäten. Setzen Sie Termine und arbeiten diese Liste systematisch ab.

**Praxistipp**
Hilfreich ist es ebenfalls, wenn Sie abends den Tag Revue passieren lassen und den Folgetag schon am Vorabend schriftlich planen.

*Als ich im Außendienst war, gab es immer wieder Kunden, die gut vorbereitet waren. Andere hingegen fielen nahezu „aus allen Wolken", dass ich nun schon wieder da war. Sätze wie „Huch, ist es schon wieder so weit!" oder „Oh, mit deinem Besuch habe ich ja gar nicht gerechnet, rufe mal heute Abend kurz durch!" waren dann typisch. Das hat mich natürlich mehr oder weniger geärgert. Denn was nützt es, wenn ich vorbereitet bin – aber mein Gesprächspartner nicht?*
*Vielen Kunden konnte ich dadurch helfen, dass ich Ihnen vor meinem persönlichen Besuch eine Avis-Karte schickte. Auf dieser notierte ich das Besuchsdatum. Besonders hilfreich für den Kunden sind solche Karten, wenn diese ein Bestellformular oder eine Checkliste beinhalten.*
*Dann kann der Kunde sich noch besser auf den Besuch vorbereiten.*
*Mit anderen Kunden machte ich immer schon zum Ende des Gesprächs einen neuen Uhrzeittermin aus, damit wir beide besser planen konnten.*
*Sinnvoll kann es auch sein, manche Kunden zwischendurch anzurufen, um „nur" den Auftrag zu machen. So bleibt beim persönlichen Besuch dann Zeit, andere Dinge zu besprechen. Dinge, die langfristig gesehen auch häufig wichtiger waren als der kurzfristige Auftrag.*

## 2.2 Behalten Sie das Wesentliche durch Nachbearbeitung im Auge

Halten Sie alles schriftlich fest, was für die weiteren Gespräche mit Ihren Kunden von Belang sein könnte. Gewöhnen Sie sich am besten an, schon während des Gesprächs viel mitzuschreiben. Manche Verkäufer haben Hemmungen und schreiben nicht mit. Doch weder Ihr Gesprächspartner noch Sie wollen letztlich, dass es zu Missverständnissen kommt. Fragen Sie daher im Zweifelsfalle mit den Worten „Oh, Moment, das, was Sie gerade sagen, ist sehr wichtig. Ist es für Sie in Ordnung, wenn ich das kurz mitschreibe?" nach. Eigentlich kann Ihr Mitschreiben nur dann für den Kunden unangenehm sein, wenn er nicht weiß, was Sie über ihn gerade schreiben. Kommentieren Sie somit gegebenenfalls Ihre Handlungen.

**Analysieren Sie Ihre geführten Kundengespräche**
- Was habe ich bei diesem Gespräch gut gemacht? Was hat mir dabei geholfen?
- Was verlief nicht optimal? Wo hakte es? Was sind wohl die Gründe dafür?
- Hätte ich anstelle des Kunden das Produkt oder den Vorschlag zur weiteren gemeinsamen Vorgehensweise angenommen? Kann ich seine Entscheidung nachvollziehen, wenn ich mich in seine Lage hineinversetze?
- Fühlt sich der Kunde mit hoher Wahrscheinlichkeit nach dem Gespräch besser, weil er sich von mir ernst genommen fühlt, ihm das Gespräch etwas gebracht hat und/oder er Impulse von mir für eine bessere Zukunft bekam?
- Habe ich unterm Strich Fortschritte erzielt – oder doch eher nur Fortsetzungen des Bisherigen?
- Fazit: Was lerne ich aus diesem Gespräch beziehungsweise was mache ich nächstes Mal anders? Sowohl beim nächsten Gespräch mit diesem Kunden als auch allgemein bei zukünftigen Gesprächen?

Wenn Sie einen Auftrag nicht bekommen haben, dann fragen Sie sich, woran es lag:
- Habe ich mein Angebot zu spät unterbreitet?
- Konnte der Kunde sich nicht in meinem Angebot wiederfinden?
- Woran ist es tatsächlich gescheitert? Am Preis, an der Qualität, an der Lieferzeit, an mir?
- Bin ich ausreichend genug „am Ball geblieben?" War ich vielleicht zu aufdringlich oder zu passiv?
- Was hat die Konkurrenz in der Wahrnehmung des Kunden besser oder anders gemacht?

Nach einem Gespräch oder einem Telefonat spüren Sie häufig, wie hoch die tatsächliche Auftragswahrscheinlichkeit wohl sein wird. Wenn Sie mit mehreren Interessenten im Laufe einer Woche oder eines Monats Kontakt hatten, kann da manchmal das Gefühl von der Realität abweichen. Damit meine ich: Man denkt, die Umsätze oder gar das gesamte Unternehmen ist für die nächsten Monate auf sichere Füße gestellt – doch dann kommen plötzlich deutlich weniger Aufträge beziehungsweise neue Kunden als gedacht. Oder man schraubt nun bewusst die Akquise zurück, einfach weil man befürchtet, die gesamten noch ausstehenden Aufträge gar nicht abarbeiten zu können. Andere empfinden Neukundengewinnung als sehr unangenehm, machen das einen Tag lang und glauben, dass sie damit nun für die nächsten Monate aktiv genug gewesen sind. Doch im schlimmsten Fall kommen daraufhin weniger Rücklauf und Resonanz als erwartet. Diese Erkenntnis wird aber – wenn überhaupt – häufig zu spät gewonnen.

Erstellen Sie daher regelmäßig eine Vorausschau. Mit dieser können Sie dann nicht nur besser die wahrscheinlichen Aufträge und Umsätze berücksichtigen, sondern entsprechend auch sicherer einkaufen, produzieren und lagern.

| Übersicht Neukundengewinnungsbemühungen | | | | | | | |
|---|---|---|---|---|---|---|---|
| Lfd. Nr. | Name | Mit- bewerber | Geschätzter Einkauf | Überzeugt zu X % | Erfolgs- kennziffer | Nächste Maßnahme | Wann erledigen? |
| 1 | H. Meyer | Violet | 12.000 | 30 | 3600 | Einladen Messe | 24.07.2012 |
| 2 | T. Aust | Karat | 30.000 | 5 | 1500 | Muster bringen | 01.08.2012 |
| 3 | … | … | … | … | … | … | … |
| 4 | | | | | | | |
| 5 | | | | | | | |
| 6 | | | | | | | |
| 7 | | | | | | | |
| 8 | | | | | | | |
| 9 | | | | | | | |
| 10 | | | | | | | |
| … | | | | | | | |
| | | | 42.000 | | 5100 | | |

Tabelle 3: Visualisieren Sie sich, wie es um Ihre aktuellen „heißen Eisen im Feuer" tatsächlich bestellt ist.

In dieser Tabelle erfassen Sie nicht nur den Namen, sondern auch das voraussichtliche Einkaufsvolumen, welches der Kunde bei Ihnen beziehen könnte. Ihre Mitbewerber, bei denen der Kunde kauft, halten Sie ebenfalls fest. Sollte nämlich irgendwann ein Mitbewerber beispielsweise Lieferprobleme haben, wissen Sie sofort, welcher Ihrer Wunschkunden nun Ihre Hilfe benötigen könnte. Ebenfalls halten Sie fest, was Ihr nächster Schritt zur Kundengewinnung ist und wann Sie diesen durchführen werden. Die Prozentzahl soll Ihnen verdeutlichen, wie hoch die Wahrscheinlichkeit tatsächlich ist, dass Sie den Kunden beziehungsweise den Auftrag gewinnen. Es ist wichtig, dass in Ihrem Unternehmen diese Prozentzahlen einheitlich vergeben werden, da diese auch der Geschäftsleitung wichtige Indizien für die wahrscheinlichste zukünftige Entwicklung aufzeigen. Neben der Prozentzahl gibt Ihnen die Erfolgskennziffer (Geschätzter Einkauf × Prozentwert) Hilfestellung, die richtigen Prioritäten bei der Neukunden- und Auftragsgewinnung zu setzen. Sie können diese Tabelle auch erweitern. Vielleicht in Stichpunkten mit den Hindernissen, die zurzeit zwischen Ihnen und der Kundengewinnung stehen.

| | Beispielsweise könnten Sie diese Prozentzahlen bei der Neukundengewinnung so vergeben |
|---|---|
| 0 % | Kunde wurde besucht. Es gab aber bisher keine Ansätze für eine weitere gemeinsame Vorgehensweise. |
| 1 % | Besuchter Kunde zeigte sich aufgeschlossen – aber unverbindlich. |
| 5 % | Kunde bat(!) um Muster oder hat sie mit Überzeugung (also kein Ist-ja-gratis-also-nehme-ich-Typ) gerne entgegengenommen und vereinbarte gleichzeitig einen Folgetermin. |
| 30 % | Die Muster haben ihm gefallen. Er spricht über seine Probleme und Gedanken für seine weitere Zukunft. Kunde signalisiert ernsthaftes Interesse an einer Zusammenarbeit, ist offen für ein Gespräch über eine „richtige" Zusammenarbeit. |
| 50 % | Abgegebenes Angebot zum kompletten Wechsel zu Ihnen trifft auf Zustimmung des Kunden. |
| 70 % | Kunde hat erneuten Termin erbeten. Es wurde noch einmal nachverhandelt. Unklarheiten wurden beseitigt. Kunde signalisiert hohe Wechselwahrscheinlichkeit. |
| 90 % | Kunde sagt Zusammenarbeit mündlich zu. |
| 100 % | Abnahmevereinbarung ist unterschrieben. Kunde tätigt „richtigen" Auftrag. |

Natürlich ist einzuwenden, dass diese Tabelle, erst recht, wenn Sie sie einheitlich für Ihr Unternehmen nutzen wollen, nur bedingt aussagefähig ist. Denn Optimisten als auch Pessimisten könnten die Prozentzahlen unterschiedlich verteilen. Daher ist es wichtig, dass eine einheitliche Vergabe dieser Werte eingefordert und kontrolliert wird. Eventuell sind noch weitere Stufen zwischen 1 und 100 Prozent einzurichten. Vielleicht müssen auch alle Werte ihren unternehmensindividuellen Realitäten angepasst werden.

Diese schriftliche Vorausschau ist trotz kleiner Ungenauigkeiten besser, als in dem Bereich gar nichts zu machen. Erst recht, weil diese Übersicht auch ganz klar kommunizieren kann: „Fahre endlich raus, gewinne neue Kunden, sonst bist du bald pleite!" Denn machen wir uns nichts vor: Wenn wir hundert Angebote erstellt und verschickt haben, ist die Hoffnung meist deutlich größer als die reelle Chance auf Aufträge. Auch vergessen unprofessionelle Verkäufer im Alltagstrott, gewisse heiße Eisen weiter intensiv zu schmieden. Verkäufer mit Erfolgswillen hingegen halten Kontakte und Gesprächsergebnisse systematisch fest und fassen regelmäßig nach.

Zur typischen Nachbereitung von Gesprächen gehören auch Besuchs- und Tagesberichte. Doch viele Verkäufer tun sich damit schwer.

Manche Unternehmen übertreiben es mit ihren Richtlinien, was alles in die Besuchsberichte gehört. Achten Sie darauf, dass keine Daten mit den Besuchsberichten erfasst werden, die eh niemand systematisch analysiert, um daraus Konsequenzen zu ziehen. Denn Besuchsberichte nur der Besuchsberichte wegen zu machen ist demotivierend, kostentreibend und somit sinnlos. Es ist darauf zu achten, dass stets Daten erfasst werden, die entweder dem Verkäufer vor Ort für seine weitere Arbeit wirklich helfen, oder aber der Verkaufsleitung beziehungsweise dem Innendienst.

*In manchen Firmen schleichen sich bürokratische Automatismen ein, wenn Daten schon über Jahre erfasst werden, die aber mittlerweile keiner mehr braucht. Ich kenne ein Unternehmen, bei denen Verkäufer mit Blaubögen drei Ausfertigungen der Tagesberichte anfertigen müssen. Einzutragen sind besuchte Kunden, die Höhe des Auftrages und platzierte Aktionen; ein Beleg für sie selbst, eine für ihre Führungskraft und eine für die Zentrale. Während der Verkäufer selbst sowieso weiß, was er am Tag geleistet hat, und seinen Bericht bloß abheftet, sind seine Führungskraft und die Zentrale überlastet, sodass diese sie auch nur abheften ... Auf die Bitte des Verkäufers hin, dass diese Werte, die er aufschreibt, doch auch aus der EDV gezogen werden können, hieß es auf erneute Nachfrage nur lapidar: „Das war schon immer so!"*

## 2.3 Entlasten Sie sich mit Checklisten

Die wenigsten Verkäufer arbeiten konsequent mit Checklisten – weder im Büro noch während der eigentlichen Verkaufsarbeit. Sobald ich meinen Seminar-Teilnehmern empfehle, mehr mit Checklisten zu arbeiten, bemerke ich mit großer Regelmäßigkeit ein gewisses Schmunzeln bei den Teilnehmern. Gedanken wie „Wozu denn mit Checklisten arbeiten? Ich mache meine Arbeit doch schon sechs Jahre lang gut!" oder „Wie sieht das denn aus? Was sollen denn da meine Kollegen oder meine Kunden denken?" kreisen dann vielen durch den Kopf.

Sobald ich dann aber frage, ob jemand schon einmal für einen Kunden ein Prospekt oder Muster aus dem Kofferraum holen wollte, und dann bemerkte, dass es nicht im Kofferraum war, bekomme ich plötzlich Aufmerksamkeit. Es ist ja nicht nur so, dass der Kunde, der möglicherweise für das Nichtvorhandensein im Auto Verständnis zeigt, jetzt etwas nicht bekommt, was Sie ihm eigentlich sofort geben wollten. Für Sie folgt jetzt nämlich unnötige kostenlose Extraarbeit: Möglicherweise werden Sie ihm nun abends extra einen Brief schicken müssen oder eine spezielle Notiz machen, damit Sie beim nächsten Besuch automatisch Entsprechendes mitbringen. Ich weiß jetzt nicht, wie oft Sie etwas nicht dabeihaben. Aber nur mal angenommen, Sie müssen nur jede Woche ein- oder zweimal Plan B, also etwas Nachschicken oder beim nächsten Mal daran denken, ergreifen: Sie verlieren so über das Jahr gerechnet viel Zeit an unnötigen unproduktiven und lästigen Tätigkeiten, die Ihnen nicht nur Zeit und Geld kosten, sondern auch zumindest im Unterbewusstsein meist zusätzlich Minuspunkte bei Ihrer Kundschaft einbringen.

Checklisten können für die unterschiedlichen Anlässe erstellt werden. Beispielsweise für Ihren Kofferraum, Ihren Präsentationskoffer oder Ihr Reisegepäck. Erstellen Sie eine solche Liste einmal – und gehen Sie sie immer am Wochenende nach Ihrer Tour durch. Sie werden danach sofort die nächste Woche optimal ausgestattet Ihren Bezirk bereisen und einen noch besseren Eindruck auf Ihre Kunden machen. Vielleicht wird Ihr Kunde dieses bisschen mehr an Professionalität nicht sofort bemerken. Aber spätestens dann, wenn Ihr Mitbewerber nicht so gut organisiert ist wie Sie, wird er unbewusst merken, dass es bei Ihnen „runder läuft".

Für Ihre Verkaufsgespräche sind Checklisten ebenfalls sehr wertvoll. Vielleicht haben Sie schon einmal ein sehr gutes Neukundengespräch erlebt, bei welchem alles viel einfacher und schneller ging als ursprünglich gedacht. Mit Begeisterung und einer gewissen inneren Genugtuung reisen Sie dann ab und plötzlich durchfährt es Sie wie ein Blitz: „Oh, verdammt! Ich habe vergessen nach X zu fragen!" Ob es sich bei X nun um ein unterschriebenes Bankeinzugsformular, eine spezielle Lieferadresse oder etwas anderes handelt, ist egal. Was aber nicht egal ist, ist nun Folgendes: Sie werden den Neukunden anrufen müssen und ihm sagen, dass Sie noch etwas Spezielles brauchen. Der Kunde hat vielleicht Verständnis dafür. Aber ist das professionell? In jedem Falle ist es für alle Beteiligten unnötige Mehrarbeit. Vielleicht müssen Sie wieder zurückfahren oder telefonieren. Wie dem auch sei: Es wäre vermeidbar gewesen mit einer Checkliste. Solche Checklisten können Sie mit folgenden Worten in das Kundengespräch einfließen lassen: „Lieber Kunde, ich habe hier noch eine spezielle Checkliste mitgebracht, auf der alles Wichtige steht. Wenn wir diese jetzt gemeinsam durchgehen, dann haben wir beide die Sicherheit, dass an alles gedacht wird und die Zusammenarbeit von Anfang an reibungslos läuft. Darf ich?" Sie werden mit Sicherheit die Zustimmung bekommen und alle Beteiligten haben automatisch weniger Stress.

In manchen Branchen ist es üblich, die Kunden in einem Bezirk beispielsweise alle vier Wochen zu besuchen. Dort soll dann nicht nur der normale Auftrag über die Ware gemacht werden, welche in der Zwischenzeit vom Kunden verbraucht oder verkauft worden ist, sondern auch noch über häufig monatlich wechselnde Aktionsangebote. Gewöhnlich hat dann der Verkäufer nicht nur einen Aktionsartikel zu präsentieren und zu verkaufen, sondern vier oder fünf. Weil typischerweise aber nicht so viel Zeit für das

Kundengespräch ist, fängt der Verkäufer ohne böse Absicht an, für den Kunden zu denken: Das bedeutet, er sortiert in Gedanken, was wohl für den Kunden an Aktionsartikeln geeignet wäre – und was nicht. Das bringt einige Risiken mit sich. Denn, was ist, wenn Sie von beispielsweise fünf Aktionsartikeln gezielt auf Eigeninitiative nur drei vorstellen, er diese aber nicht kauft und womöglich die anderen beiden gekauft hätte? Was wollen Sie Ihrem Kunden sagen, wenn er Sie beim nächsten Besuch fragt, warum Sie ihm etwas nicht zeigten, was Sie aber seinem Mitbewerber verkauft haben? Denn spätestens, wenn er bei seinen Mitbewerbern ihm fremde Schaufensterwerbung Ihrer Firma sieht, oder sich einfach mit diesem austauscht, weil er mit ihm ein freundschaftlichen Kontakt pflegt, wird er auf das Entgangene aufmerksam. Natürlich gibt es auch Kunden, die von sich aus abblocken, und Ihnen gar nicht die Möglichkeit geben wollen, alles zu zeigen. Aber vielleicht klappt bei Ihnen ebenfalls folgende Vorgehensweise:

Erstellen Sie eine Checkliste mit allen aktuellen Aktionsartikeln. Schreiben Sie auf diese Liste bitte nicht direkt, um was es geht, sondern um welchen Nutzen beziehungsweise Mehrwert für Ihren Kunden. Wenn Sie beispielsweise Kosmetik an Friseure oder Kosmetiker verkaufen, schreiben Sie bitte nicht „Aktionsangebot Sonnenpflegeserie", sondern „Konzept für bessere Mund-zu-Mund-Propaganda". Diese Verschlüsselung hat für alle Beteiligten den Vorteil, dass der Kunde nicht ohne böse Absicht auf diese Liste blickt und sich mit den Worten „Zeig mal. Nein, Sonnenserie brauche ich nicht …!" der Chance selbst beraubt. Die Formulierungen machen ihn neugierig. Wenn Sie eine Idee präsentieren, wie mithilfe der Sonnenpflegeserie seine Kunden im Betrieb so überrascht werden, dass diese automatisch von dem außergewöhnlichen Besuch sprechen, dann haben Sie viel gekonnt. Denn Ihr Kunde wird höchstwahrscheinlich kaufen – einfach weil Sie dazu kamen, Ihre Story zu erzählen und ihn so überzeugten.

Sobald Sie nun mit dem Kunden gemeinsam die Checkliste durchgehen beziehungsweise nach jeder einzelnen Präsentation einen Haken an der jeweiligen Aktion machen, werden Sie Ihren Kunden mit jedem weiteren

Besuch zunehmend wertschätzend erziehen: Dadurch, dass er genau sieht, wie viel Sie noch zu präsentieren haben, weiß er, woran er ist. Weil Sie diese Checkliste auch beim nächsten Besuch wieder mitnehmen, wissen Sie, wo Sie nun weitermachen sollten und was Sie bisher besprochen haben. Viele Kunden sind auch bereit dazu, sich mehrere knackige Präsentationen anzuhören, wenn diese wissen, was sie davon haben. Wie wären folgende einleitenden Worte für Sie? „Lieber Kunde, ich habe auf meiner Aktionscheckliste heute fünf Schwerpunkte stehen. Gerne möchte ich Ihnen alle vorstellen, denn das mache ich bei den anderen auch. Und ich wüsste nicht, wie ich Ihnen erklären soll, wenn ein anderer im Ort ein geniales Angebot von mir kauft, ich es aber Ihnen nicht einmal vorgestellt habe. Ist das für Sie in Ordnung?"

Auch zur Vorbereitung von Produktpräsentationen können Sie Checklisten optimal nutzen. Ich kenne viele Verkäufer, welche die Ergebnisse ihrer Verkaufsarbeit erheblich dem Zufall überlassen. So werden häufig auf Konferenzen Produkte des Quartals oder besondere Innovationen der Verkaufsmannschaft vorgestellt, welche es nun zu verkaufen gilt. Einige Verkäufer suchen dann am nächsten Tag mit ihren Kunden das Gespräch und schauen dann einfach, was passiert. Das Produkt wird ohne besonderen Spannungsbogen gezeigt, auf die geäußerten Einwände wird improvisiert und auf viele Fragen des Kunden kann keine professionelle Antwort gegeben werden. Wenn dann die ersten zehn Kunden das Produkt nicht kaufen, dann wird über dieses Angebot lieber nicht mehr gesprochen, bevor noch mehr Neins von den Kunden kassiert werden. Klingt unglaublich – ist aber leider gängige Praxis. Genau hier rentiert sich die Vorbereitung und somit Büroarbeit am besten, da sie unmittelbar auf Ihre Verkaufsresultate durchschlägt.

**Bereiten Sie den Verkauf von Angeboten/Innovationen systematisch vor**
- Welchen Nutzen haben mein Kunden, seine Mitarbeiter und seine Kunden von diesem Produkt?
- Was entgeht ihm, wenn er das Produkt nicht kauft?

- Wie kann sichergestellt werden, dass er dieses Produkt nicht nur kauft, sondern damit auch seine Ziele besser erreicht?
- Wie beginne ich den Gesprächseinstieg?
- Welche Story will ich ihm erzählen?
- Was werde ich ihm wann und wie zeigen?
- Welche Einwände könnten kommen?
- Mit welchen drei unterschiedlichen Maßnahmen werde ich wertschätzend Widerstände vorbeugen oder entkräften können?
- Welche Angebotsalternativen habe ich für ihn?
- Was ist meine persönliche Zielsetzung und Belohnung?

Möglicherweise gibt es speziell für Ihre Branche noch andere Knackpunkte, welche Sie vorab planen und berücksichtigen sollten. Bitte ergänzen Sie entsprechend diese Aufzählung.

Mit solch einer Liste können Sie nicht nur besser neue Produkte beziehungsweise Aktionsartikel verkaufen, sondern beispielsweise auch einen roten Faden erarbeiten, um Ihre Wunschkunden leichter zu gewinnen. Erweitern Sie doch einfach diese Checkliste um Punkte, die garantiert bei jedem Neukundengespräch vorkommen. Wenn Sie auf nahezu alle Themenbereiche und Aussagen gute Antworten und Verhaltensweisen erarbeitet haben, werden Sie automatisch mit einem höheren Selbstbewusstsein Akquise betreiben. Schließlich sind Sie vorbereitet. Sie werden sich weniger ärgern, weil Sie leichter am Ball bleiben können. Auch werden Sie Neukundengewinnung sportlicher sehen können und noch mehr Ausdauer an den Tag legen – einfach weil Sie wissen, warum Sie eine Bereicherung für Ihren Interessenten sind.

> **Merke**
>
> Checklisten helfen entscheidend, Arbeitsabläufe zu strukturieren. Wer mit guten Listen arbeitet, sagt damit nicht aus, dass er ein schwaches Gedächtnis hat. Vielmehr zeigt er allen Beteiligten, dass ihm die Angelegenheit ernst und wichtig ist.

## 2.4 Faszinieren Sie mit durchdachten Präsentationen

Bei Vertriebstagungen passiert es immer wieder, dass die Teilnehmer mit Inhalten gelangweilt werden, die schlecht mit interaktiver Präsentationssoftware (wie PowerPoint, Keynote, ...) aufbereitet worden sind. Solche Handlungen zwingen den Vortragenden zu einer schlechten Präsentation. Viele Kunden wurden ebenfalls schon schlechten interaktiven Präsentationen ausgesetzt. Manche kaufen danach trotzdem, andere immer noch nicht. Vielleicht weil sie sich dachten, wenn die Produktlösung genauso zäh ist wie die Präsentation, dann nützt sie mir eh nichts ...

So wie sich ein Kunde vor dem Kauf mit der Beantwortung seiner Frage „Was bringt mir das?" intensiv beschäftigt, so fragen sich stets auch die Zuhörer und Gäste Ihrer Präsentation „Was bringt mir diese Präsentation?" Leider ist es in vielen Unternehmen üblich, das Publikum mit Daten und Informationen zu langweilen, die häufig den Teilnehmern im Groben sowieso schon bekannt sind. Manche Information hätte sogar besser ausschließlich per Mail oder Brief kommuniziert werden sollen. Entweder weil die relevanten Inhalte so umfangreich sind, dass sie in eine Präsentation „gepresst" sowieso nicht von den Teilnehmern aufgenommen werden können. Oder weil die Botschaften nicht so relevant sind, um weite Anfahrtswege und hohe zeitliche Investitionen der Teilnehmer zu rechtfertigen.

Bedenken Sie einmal, wie viel Lebenszeit alleine Sie dadurch verloren haben, dass Sie schlechten Präsentationen beiwohnten, die Ihnen unterm Strich nichts brachten. Viele Menschen sind in manchen Bereichen sehr leidensfähig und reden sich ein, es würde nicht besser oder anders gehen. Aber es kann doch nicht der Sinn einer Präsentation sein, dass man diese als Teilnehmer zu Hause nachbereiten muss, um überhaupt zu verstehen, um was es ging.

Vergessen Sie bitte nie: Körperliche Anwesenheit ist nicht geistige Anwesenheit. Wenn nach Ihrer Präsentation Ihr Publikum Ihre Botschaft nicht mitnehmen kann, müssen Sie sich ernsthaft mit der Frage beschäftigen: „Was mache ich nächstes Mal besser?"

Leider passiert es besonders oft Führungskräften, dass sie in eine Feedback-Falle treten. Folgendes habe ich einmal erlebt: *Auf einer Bundeskonferenz, der ich vor längerer Zeit als „einfacher" Verkäufer beiwohnen musste, sprach ein Verkaufsleiter. Die Verkäufer selbst, die er nun wohl motivieren wollte, fühlten sich von seiner schlechten Präsentation (sowohl medial als auch verbal) gelangweilt und nicht ernst genommen. Nachdem dann der Höflichkeitsapplaus „aufbrandete", ging er von der Bühne und sofort kamen drei seiner Zöglinge auf ihn zu und überhäuften ihn mit Lob. Sprüche wie „Haben Sie super gemacht!", „Tolle Rede!" oder „Sie haben die Mitarbeiter voll mitgenommen!" schlugen ihm um die Ohren. Es versteht sich von selbst, dass dieser Verkaufsleiter wirklich glaubte, alles richtig gemacht zu haben. Doch leider hat er nie diejenigen gefragt, die er tatsächlich erreichen wollte. Seine größten drei Fans haben es letztlich nur deswegen gesagt, weil sie nicht durch Leistung, sondern durch Beziehung Karriere machen wollten. Mittlerweile habe ich erfahren, dass einer von ihnen bereits aufgestiegen ist und genauso schlechte Präsentationen macht. Aber auch er wird sich aufgrund dieses Phänomens wundern, weshalb nicht alle „an einem Strang" ziehen …*

So wie der Glaubenssatz „Entweder kann man verkaufen oder nicht!" dazu einlädt, sich nicht regelmäßig kritisch zu hinterfragen, so scheint es auch den Glaubenssatz „Entweder kann man eine Präsentation vor Publikum halten oder nicht!" zu geben. Die Folge: Viele Präsentierende haben selbst schon zahlreiche Präsentationen gesehen und meinen nun zu wissen, wie es geht. Doch leider überschätzen sich hier viele selbst. Schließlich sind die meisten Präsentationen nicht mustergültig teilnehmerorientiert gestaltet, sondern sinn- und herzlos in den Computer eingetippt. Gegebenenfalls zum Schluss der Erfassung wird noch einmal kurz das Ganze ein wenig gegliedert, vielleicht grafisch oder gar mit Animationen „lustig" aufgepeppt, gespeichert und dann kurze Zeit später präsentiert. Dies passiert auch häufig, wenn „gute" oder bisherige Präsentationen als Vorlage dienen und dann lediglich angepasst werden. Gründe für eine solche Vorgehensweise gibt es viele: mangelnde Identifikation mit dem Thema, Zeitdruck oder zu wenig Wissen darüber, wie es besser gehen könnte.

> **Praxistipp**
>
> Üben Sie die Präsentation mehrfach. Stoppen Sie auch die Zeit, denn viele brauchen deutlich länger – oder sind deutlich schneller fertig, als geplant.

Präsentationen mit Präsentationssoftware sind kein Selbstzweck. Es geht darum, ein vorher definiertes Ziel beziehungsweise eine Botschaft an das Publikum zu vermitteln. Ob dieses Ziel besser mit EDV-Unterstützung erreicht werden kann, liegt stets am Vortragenden, aber auch an der Zielsetzung. Darum dürfen solche Softwareprogramme nicht generell verteufelt werden. Weil aber viele Zuschauer und Teilnehmer von langweiligen, langatmigen und unnötigen Präsentationen mit Softwareunterstützung nahezu traumatisiert wurden, gibt es diese Meinungen. Der Teufelskreis setzt sich dadurch in Gang, dass viele, die ungeschickte Präsentationen erlebt haben, denken, dass es nicht besser geht und daher diese genauso unvorteilhaft durchführen. Beweisen Sie, dass Sie Profi sind und machen sich immer wieder darüber Gedanken, wie Sie Ihre Präsentationen besser gestalten können.

### Sind Sie auch schon „präsentationsgeschädigt"?
- Freuen Sie sich auf Präsentationen mittels Beamer?
- Lesen Sie auch immer alles blitzschnell, was „an der Wand" steht, und wundern sich dann, wenn der Vortragende dies dann auch noch einmal wiederholt?
- Ärgern Sie sich darüber, wenn der Präsentierende anscheinend ewig lang an einer Seite klebt, obwohl Sie glauben doch schon längst die Kernbotschaft verstanden zu haben?

- Wurden Ihnen schon einmal solche komplizierten Grafiken gezeigt, dass Sie nach dem Umschalten auf die nächste Seite nicht einmal ansatzweise diese wiedergeben könnten, oder wenigstens den Grund, weswegen Ihnen diese Grafik gezeigt wurde?
- Haben Sie sich schon einmal gefragt, wie lange wohl noch die Präsentation dauern würde, weil sie nicht genau wussten, wie weit der Vortragende bereits mit der Durchführung seiner Präsentation ist?
- Haben Sie auch schon einmal komplett den Faden verloren und abgeschaltet, weil Sie keinerlei Struktur bei der Präsentation feststellen konnten?
- Wurden Sie schon einmal durch die Aussage des Vortragenden „Diese Seite ist jetzt nicht wichtig, die überspringen wir jetzt mal!" irritiert?
- Hat der Vortragende sich schon einmal mehr mit der Technik und „seiner" Präsentation beschäftigt als mit dem Publikum?
- Hatten Sie schon einmal das Gefühl, dass der Präsentierende die Präsentation anscheinend selbst noch nicht verinnerlicht hat und deswegen nicht frei und authentisch zum Publikum sprechen konnte?
- Haben Sie sich schon einmal gefragt, ob der Vortragende seine Botschaften auch klarer und präziser hätte vermitteln können?
- Oder ist es Ihnen schon einmal passiert, dass die Präsentation vorbei war – und Sie gar nicht wussten, weshalb Sie sich diese Präsentation anhören sollten, weil nichts Neues für Sie dabei war?

Sie merken: Ihre Gesprächszielerreichung ist entscheidend davon abhängig, wie Sie Ihre Präsentation gestalten. Egal ob Sie nun vor Verkäuferkollegen sprechen oder vor Kunden: Es scheint für viele normal zu sein, mit einer Präsentationssoftware zu arbeiten. Auch haben die Zuschauer es häufig akzeptiert, dass solche Präsentationen nicht unbedingt gelungen sind. Doch können Sie es sich leisten, Ihre Kunden oder Ihre Kollegen mit schlechten Präsentationen zu beleidigen, nur weil es viele andere auch tun?

Auch sollten Sie sich fragen, ob Sie positiv auffallen, wenn Sie Ihre Botschaft ohne Beamer kommunizieren. Denn schließlich ging es ja früher auch „nur" mit Flipchart und Overheadprojektor. Und das jemand zu Zeiten des Overheadprojektors achtzig Folien in 40 Minuten auflegte, ist wohl nur selten passiert – mit PowerPoint & Co aber durchaus häufiger.

**Bereiten Sie Präsentationen systematisch vor**
- Wer spricht? (Sprechen Sie als Führungskraft oder als Verkäufer?)
- Zu wem? (Mitarbeitern oder Kunden?)
- Worüber? (Thema?)
- Warum? (Was ist der Anlass, dass gerade Sie zu diesem Thema sprechen?)
- Wozu? (Welche Ziele verfolgen Sie mit Ihrem Vortrag? Was sollen die Zuhörer nach Ihrem Vortrag tun oder berücksichtigen?)
- Wann? (Was sagen Ihre Vorredner? Welche Inhalte haben diejenigen, die Ihnen folgen? Ist es ein besonderer Anlass?)
- Wo? (Beim Kunden, in Ihrem Hause, auf einer Messe?)

Aus diesen Grundfragen nach der sogenannten lasswellschen Formel, beruhend auf den amerikanischen Politik- und Kommunikationswissenschaftler Harold Dwight Lasswell, leiten Sie ab,

- was Sie sagen und
- wie Sie es sagen.

Zu Beginn ist es sehr wichtig, eine Brücke zu den Zuhörern zu schlagen. Halten Sie sozusagen Ihrem Publikum einen Spiegel vor, damit dieses das Gefühl bekommt, dass Sie dessen Sprache sprechen und dessen Probleme verstehen. Dieser Perspektivwechsel ist wichtig, damit Sie beim Publikum Vertrauen und Kompetenz aufbauen. Denn wenn Sie beim Publikum zu Beginn kein Interesse und Motivation wecken, wird es Ihnen nur oberflächlich zuhören.

Manchmal wird zu Beginn eine Agenda gezeigt, der die Zuschauer einen groben Überblick über die einzelnen Themen entnehmen können. Probieren Sie es doch einmal aus, vor dieser Agenda Ihre Hauptbotschaften zu kommunizieren. Also sagen Sie vorab ganz klar, welche Ziele Sie mit dieser Präsentation verfolgen und zu welchen Ergebnissen Sie gekommen sind. Dadurch ist der Zuhörer nicht im inneren Dialog mit der Frage beschäftigt, welchen Zweck Sie letztlich mit der Präsentation verfolgen. Vielmehr können sich diese dann Ihrer Argumentation und Präsentation unter diesem Gesichtspunkt öffnen.

Machen Sie sich zuerst über den Inhalt Gedanken. Dieser muss verständlich und wirksam kommuniziert werden. Ist also Ihre Präsentation dem Wissensstand Ihrer Zuhörer angemessen? Wie wollen Sie das Interesse wecken und halten? Welche Einstellungen haben die Zuhörer Ihnen und dem Thema gegenüber?

Erstellen Sie daraufhin eine Gliederung. Dabei ist darauf zu achten, dass Sie Ihre Position verständlich und wirksam aufzeigen. Dies geschieht am besten, umso klarer und übersichtlicher Sie sprechen und umso fließender Ihnen die Übergänge zwischen den einzelnen Sinneinheiten Ihres Vortrags gelingen. Berücksichtigen Sie unbedingt, dass niemand so spricht, wie er schreibt. Haben Sie Mut zur Banalität, damit man Ihnen leicht folgen kann.

Vergessen Sie nicht, stets auf einen gewissen Spannungsbogen zu achten und diesen auch zu halten. Denn dies fördert die Zuhörbereitschaft.

Sie geben Ihrem Zuhörer enorm viel Struktur, wenn Sie eine mitlaufende Agenda in Ihre Präsentation einbauen. Erfahrungsgemäß steht bei den meisten Präsentationen unten rechts nur die Seitenzahl. Doch der Zuhörer weiß dann nicht, wie viele Seiten noch kommen. Also schreiben Sie besser „Seite x von y", wobei y für die Gesamtfolienanzahl steht. Sollten Sie mehrere Themen oder Gliederungspunkte haben, könnte zusätzlich der Hinweis nützlich sein, zu welchem Thema Sie derzeitig gerade sprechen.

Setzen Sie also beispielsweise auf alle Folien ganz unten eine Leiste, aus der die einzelnen Hauptüberschriften hervorgehen. Kennzeichnen Sie speziell die Hauptüberschrift bei jeder Folie, zu der diese gehört. Wenn also ein Teilnehmer kurz zwischenzeitlich die Präsentation verlässt und wieder hinzukommt, weiß er automatisch, zu welchem Themenpunkt Sie aktuell sprechen.

Viele Folien bauen sich während der Präsentation zunehmend auf, beispielsweise wenn einzelne Unterpunkte nacheinander erscheinen, damit diese dann mit ein paar Worten erklärt werden können. Manche Teilnehmer fragen sich dann, wie viele Unterpunkte wohl noch kommen werden, anstatt sich mit den Botschaften des Vortragenden zu beschäftigen. Wenn Sie aber gleich zu Beginn auf der Folie Platzhalter setzen, die sich dann zunehmend mit den Unterpunkten füllen, weiß jeder Teilnehmer, wie viele insgesamt noch erscheinen werden.

Damit Sie als Vortragender stets den Überblick behalten, welche Folie gerade „an der Wand" ist und welche Folien noch kommen werden, gibt es verschiedene Möglichkeiten. Denn Sie haben stets Blickkontakt zum Publikum zu halten. Daher wäre es hochgradig unprofessionell, wenn Sie eine Folie weiterklicken und selbst erst einmal schauen, was denn die Zuschauer gerade sehen und erst danach anfangen, zu erzählen.

Wenn Sie vor Ihrem Publikum gar keinen Respekt haben, dann kehren Sie ihm den Rücken zu, um die Seite nahezu 1:1 von der Leinwand abzulesen. Ausnahme: Nur wenn Missverständnisse mit dem Publikum drohen, zeigen Sie an der Wand, was wie zu verstehen ist. Doch Ihre Aufgabe ist es, im Rahmen der Vorbereitung Ihre Inhalte so aufzubereiten, dass es möglichst keine Missverständnisse gibt.

Im Idealfall schließen Sie etwas komplexe Folien mit einer Zusammenfassung ab und kündigen an, was die Teilnehmer gleich sehen werden. Während der Aussprache dieses Halbsatzes schalten Sie weiter und so wird Ihr

Redefluss nicht gebremst. Die Präsentation unterstützt Ihre Worte. Damit dies möglichst reibungslos funktioniert, sollten Sie sich mehrere Zugangswege zu Ihren Inhalten erlauben. Also neben dem Sachverhalt, dass Sie zuvor den Vortrag eifrig eingeübt haben und ihn nahezu frei beherrschen, können Sie zusätzlich mit Moderationskarten arbeiten. Auf diesen schreiben Sie links (2/3), was gerade aktuell von Ihrem Publikum zu sehen ist. Auf der rechten Seite (1/3) notieren Sie Stichworte, über was die nächste Folie berichten wird. Denken Sie stets daran, die Karten vorher durchzunummerieren. Denn sollten Sie die Karten versehentlich fallen lassen, können Sie diese schnell und professionell gleich wieder in die richtige Reihenfolge bringen. Auch ermöglicht die Präsentationssoftware die gleichzeitige Darstellung der aktuellen Folie und der nächsten. So könnten Sie hier an Ihrem Laptop gegebenenfalls auch wertvolle Informationen bekommen.

Generell sollten Sie bei der Überschriftengestaltung darauf achten, dass sie nicht beschreibend ist, sondern die Kernaussage hervorhebt. Teilen Sie dem Publikum mit der Überschrift als auch in den Bildbeschriftungen mit, was es gezielt wahrnehmen beziehungsweise mitnehmen soll. Also bitte nicht „Umsatzentwicklung 2011 zu 2010", sondern „Der Umsatz ist im März 2011 deutlich eingebrochen".

Achten Sie bei der Gestaltung der Folien unbedingt darauf, dass sie nicht zu textlastig werden. Auch hat sich schon manch ein Vortragender gewundert, wenn durch den Beamer und die Lichtverhältnisse des Raumes die Präsentation bei Weitem nicht mehr so deutlich zu lesen ist wie am Computer. Planen Sie somit auf eine ausreichend große Schriftgröße sowie klare Kontraste ein. Auch sollten Sie nicht zu viele Folien erstellen. Denken Sie immer daran: Die Präsentation mit dem Computer dient nur dazu, Sie und Ihre Aussagen zu unterstützen – und nicht dazu, Sie in den Hintergrund zu drängen.

Schließen Sie Ihre Präsentation mit einer Zusammenfassung ab. Reden Sie daraufhin mit Vertrauten, wie diese angekommen ist, um zu lernen. Denn so wie man verkaufen lernen kann, kann man auch präsentieren lernen.

**Auf die Zuhörer wirken verschiedene Faktoren**
- Die Körpersprache des Referenten (Standbein und Spielbein, Blickkontakt, …)
- Die Stimme und Sprechweise (manche Sprechen in Stresssituationen in einer etwas höheren Tonlage, deutlich schneller oder weniger mitreißend)
- Die Gestaltung der einzelnen Folien
- Die Übergänge zwischen den einzelnen Folien (also was wird gesagt, bevor weitergeblättert wird und nachdem die nächste Folie erschienen ist)
- Die Struktur (Gesamtgliederung, grafische Gestaltung, Textanteil insgesamt und je Folie)

> **Praxistipp**
>
> Machen Sie sich jetzt darüber Gedanken, wie Sie zukünftig Ihre Präsentationen vor Kunden und Kollegen besser gestalten können. Ihr Lohn wird nicht nur mehr Zuspruch sein, sondern man wird Ihnen auch mehr Kompetenz zuschreiben. Denken Sie immer daran: Der Köder muss nicht dem Angler schmecken, sondern …

## 2.5 Gewinnen Sie Menschen durch wertschätzende Kommunikation

Die wenigsten Verkäufer stellen wirklich immer den Kunden in den Mittelpunkt ihrer Bemühungen. Genauso wenig wie die meisten Unternehmen. Provokant? Vielleicht. Doch wie komme ich darauf?

Kaum ein Verkäufer wird an der Kundenzufriedenheit gemessen, sondern an seinen Umsätzen, Deckungsbeiträgen, Terminquoten und anderen statistischen Werten. Will also ein Verkäufer gutes Geld verdienen oder im Unternehmen aufsteigen, müssen letztere Indikatoren stimmen. Das bedeutet: Viele Verkäufer wollen nicht vorrangig Kundenzufriedenheit und -begeisterung, sondern Umsatz und Provision. Da aber ein Kunde ungern von Menschen kauft, bei denen er merkt, dass er nur Mittel zum Zweck ist, tun viele Verkäufer so, als ob sie wirklich an ihren Kunden interessiert sind. Gerade dieses „So tun als ob", welches im Extremfall auch als Anbiederei, Schleimerei und Oberflächlichkeit aufgefasst werden kann, ist gefährlich. Nur eine Minderheit der Verkäufer lebt diese Denkhaltung so extrem. Aber dennoch sorgen gerade diese Exoten für den schlechten Stellenwert von Verkäufern in unserer Gesellschaft. Denn sie stehen für die Devisen „Nach mir die Sintflut!", „Wenn der Kunde mit der Lösung nicht klarkommt, ist es nicht mein Problem – schließlich ist er ja ein mündiger Kunde!" oder „Zum Lügen gehören immer zwei: Einer der es sagt, ein anderer, der es glaubt!" Sehr wahrscheinlich gehören Sie nicht zu dieser extremen Ausprägung. Aber vielleicht doch (schon) ansatzweise?

Ob Sie nun zu der Fraktion „An erster Stelle Umsatz und Provision" oder „Der Kunde steht im Mittelpunkt, Umsatz und Provision kommen dann von alleine" gehören, können Sie sich selbst am besten beantworten:

**Was geht eigentlich in Ihrem Kopf ab?**
- Wenn ein Kunde Einwände vorbringt, gehen Sie dann eher innerlich hoch, weil Sie denken „Herrje, jetzt muss ich dem das noch einmal erklären!" oder „Mist, jetzt kauft der gleich auch nicht!"? Oder denken Sie „Hoppla, da habe ich gerade wohl nicht richtig zugehört oder etwas nicht gut erklärt. Gut, dass er nachfragt!"?
- Viele Verkäufer stellen dem Kunden Fragen. Stellen Sie diese, um den Kunden wirklich zu verstehen? Oder stellen Sie ihm diese nur, weil Sie sonst befürchten müssen, dass er womöglich sonst nicht kaufen könnte, weil Sie ihm Ihr Angebot nicht optimal in seine Vorstellungswelt

platzieren können? Eventuell trotz des Wissens, dass dieses Angebot eigentlich für diesen Gesprächspartner nicht interessant ist?
- Was denken Sie eigentlich, wenn der Kunde Ihnen Antworten gibt? Hören Sie dann wirklich zu, um ihn zu verstehen? Oder machen Sie sich vielmehr darüber Gedanken, was Sie gleich am geschicktesten erwidern könnten, damit auch ein Auftrag zustande kommt? Doch können Sie Ihren Gesprächspartner wirklich verstehen, wenn Sie sich gerade mental Erwiderungen zurechtlegen, während dieser Ihnen antwortet?

Natürlich weiß jeder Kunde, dass Verkaufen Ihre Aufgabe ist. Darum redet er ja mit Ihnen. Das Problem aber ist, dass viele Kunden nicht kaufen, wenn sie das Gefühl haben, dass Sie verkaufen müssen. Viel mehr Faszination üben Verkäufer auf Kunden aus, wenn diese das Gefühl haben, sie sollten und dürfen von Ihnen kaufen – müssen aber nicht. Das klingt ein wenig paradox, vielleicht auch für manche irritierend – aber denken Sie mal an Situationen, in denen Sie sich als Kunde wohlfühlen.

Gerade deswegen werden bereits erfolgreiche Verkäufer immer besser. Getreu dem Motto „Wenn's läuft, dann läufts" scheinen sie wie von Geisterhand immer wieder neue Kunden und größere Aufträge zu ergattern. Doch ein entscheidender Grund für ihren Erfolg ist, dass sie authentisch bei ihrem Gegenüber ankommen – nicht gestelzt und womöglich nach auswendig gelernten Verkäuferfloskeln klingend.

**Viele Menschen fühlen sich wohl, wenn**
- sie so angenommen werden, wie sie sind,
- sie ernst genommen werden,
- kein Druck auf sie ausgeübt wird,
- sie wissen, woran sie mit ihrem Gesprächspartner sind,
- man sie reden lässt, ohne jede Aussage auf die Goldwaage mit Bewertungen und Kommentaren zu legen,
- sie nicht zugetextet werden,
- es ehrlich und angemessen zugeht,

- ein wertschätzendes und harmonisches Klima besteht,
- sie ohne große Anstrengung dem Gesprächspartner folgen können,
- sie vertrauen können,
- sie spüren, dass ihr Gesprächspartner „echt" und engagiert ist,
- sie merken, dass der Gesprächspartner weiß, wovon er spricht,
- sie wissen, dass der Gesprächspartner etwas sagt oder macht, weil er selbst davon überzeugt ist und Spaß daran hat.

Das bedeutet für Ihren Verkaufsalltag: Es geht nicht darum, irgendwelche Methoden permanent abzuspulen, damit Ihr Kunde kauft. Denn dann wirken Sie nicht authentisch. Hin und wieder mal eine Formulierung oder Taktik aus Ihrem geistigen Verkäuferrepertoire zu ziehen, ist hilfreich. Auch werden Sie umso mehr innere Ruhe haben, desto mehr Sie über Kommunikation, Verhandlung und Gesprächsführung wissen. Schließlich können Sie dann umso mehr an sich glauben und strahlen somit ein starkes Selbstbewusstsein aus. Sie werden automatisch zielgerichtet, aber wertschätzend und „echt" kommunizieren, desto mehr Kommunikationsregeln und -gesetze Ihnen bewusst sind. Wer diese Ruhe aufgrund von Kompetenz noch nicht gefunden hat, wird häufig ungewollt zu viel Druck im Gespräch aufbauen. Kunden wollen aber keinen Druck, sondern Sog. Und diesen erreichen Sie dadurch, dass Sie Werte und Tugenden leben: Ehrlichkeit, Verlässlichkeit und Aufrichtigkeit. Dazu gehört es auch, mal andere Meinungen stehen zu lassen, nicht selbst den Kunden zuzutexten, sondern den Kunden reden zu lassen. Nicht Fragen des Fragens wegen stellen, sondern Fragen stellen, um den Kunden wirklich zu verstehen. Ihm gegebenenfalls sogar zu sagen „Nein, dass was ich für Sie habe, ist nicht die beste Lösung für Sie!"

Vergessen Sie nie: Menschen kaufen von Menschen. Aber viele Verkäufer verhalten sich als Verkäufer plötzlich ganz anders als sonst. Manche sprechen anders, andere sind dominanter, weitere irgendwie chaotisch. Vielleicht, weil im Kopf des Anbieters immer mehr der Gedanke „Ich muss verkaufen!" statt „Ich darf verkaufen!" herumgeistert und dies der Kunde spürt.

> **Praxistipp**
>
> Versuchen Sie, weniger Ihren Mitmenschen Ihre Meinung aufzuzwingen. Versuchen Sie vielmehr, andere mithilfe guter Fragen zu verstehen. Denn es gibt nicht nur ein „richtig" oder „falsch", sondern viel häufiger ein „sowohl als auch". Und wenn Sie bereit dazu sind, Ihren Standpunkt zu verlassen, dann ist dies häufig Ihr Gesprächspartner auch.

Wenn Sie im Inneren ruhen, weil Sie aufgrund Ihres Wissens genau wissen, dass Sie mit jeder Situation auf Augenhöhe fertig werden können, wirken Sie ganz anders auf Ihre Umgebung. Und gerade die Verkäufer, die offen sind für Neues, selbst also auch sich und ihre Mitmenschen immer wieder wirklich neu kennenlernen wollen, sich selbst reflektieren, auch mal Fünfe gerade sein lassen, Spaß an ihrer Arbeit haben, besitzen etwas, was nahezu magnetisch auf Kunden wirkt: Charisma. Gerade Verkäufer mit Leidenschaft, die in Ihrem Beruf aufgehen, arbeiten regelmäßig an Ihrer Persönlichkeit und werden somit zunehmend souveräner und mutiger. Schwächere hingegen geben lieber den Umständen die Schuld statt sich selbst.

Der Bereich des Verkaufs ist im Vergleich zu anderen betrieblichen Abteilungen aufgrund des zur Verfügung stehenden Zahlenmaterials sehr transparent. Leider aber dennoch nicht transparent genug. Denn viele Sachverhalte finden sich in den Zahlen nicht ohne Weiteres wieder. Wertmäßig werden folgende beispielhaft aufgeführten Punkte in der Regel nicht erfasst, obwohl sie extrem die Zukunft der gesamten Unternehmung belasten:

Was sind die tatsächlichen Gründe, weshalb ein Kunde zum Mitbewerber gegangen ist? War es wirklich der bessere Preis oder hat vielleicht der Verkäufer im zwischenmenschlichen Bereich versagt? Welcher Verkäufer würde schon gegenüber seiner Führungskraft zugeben, dass er sich im Wort vergriffen hat, der Kunde etwas „in den falschen Hals bekam" und deswegen wechselte? Da klingt der billigere Mitbewerber als Erklärung doch irgendwie geschickter, oder?

Wie sollen solche Kundenverluste bewertet werden, erst recht, wenn sie auf hausinterne Fehler zurückzuführen sind?

Bereiten sich Verkäufer wirklich immer systematisch selbstständig auf neue Produkte oder Aktionen vor, um diese mit Professionalität und Wertschätzung beim Kunden zumindest anzusprechen? Oder verlassen sich vielleicht doch zu viele Verkäufer auf ihre Intuition und Erfahrung, weil sie meinen, schon genau zu wissen, was der Kunde braucht? Klingt es nicht einfacher zu sagen, dass der Markt nicht auf das Produkt gewartet hat, als womöglich zuzugeben, dass man das Produkt einfach sinnlos fand, keine Lust hatte, den Kunden damit zu belästigen und es entsprechend auch nur – wenn überhaupt – „mit angezogenen Handbremsen" präsentierte?

Schäden aufgrund von mangelndem Interesse und Motivation von Verkäufern können in der Regel nicht in Zahlen gemessen werden. Welcher Mitarbeiter würde eine eventuelle „Scheißegal-Mentalität" auch zugeben?

Wenn Verkäufer das Unternehmen und somit ihren Verkaufsbezirk verlassen, dann sind manche Kunden „heimatlos". Dies können manche Mitbewerber geschickt ausnutzen, andere Mitbewerber schlafen und wissen nichts von einem Wechsel. Aber was viel interessanter ist: Geht der Verkäufer wirklich – wie er sagt –, weil er vorrangig „mal was Neues ausprobieren" will oder weil er seine Führungskraft als eine Zumutung empfunden hat und seine lösungsorientierten Gedanken von der Verkaufsleitung als Attentat auf ihre Kompetenz aufgefasst wurden?

Leider sind Zahlen aus diesem Bezirk (Kundenverlust, Zeit zum Vertrauensaufbau des Nachfolgers bei den Kunden) nur schwer zu ermitteln, ebenso die Schäden, die aufgrund schlechter innerbetrieblicher zwischenmenschlicher Kommunikation und Beziehungsgestaltung entstehen.

Diese beispielhaften Punkte, die in manchen Unternehmen am laufenden Band geschehen, schlagen sich direkt auf die Umsatzzahlen nieder, sind aber als Ursache nicht konkret greifbar. In der Konsequenz kann das bedeuten, dass sich diesen Schwachstellen niemand ernsthaft annimmt. Es werden häufig lieber Notlügen verwendet, die gut klingen und meistens auch von den anderen akzeptiert werden. Aber kann ein ewiges „mit Samthandschuhen anfassen" ein Unternehmen wirklich in eine sichere Zukunft führen?

Die Entwicklung von Kompetenzen, im speziellen von zwischenmenschlichen, ist nach meiner Erfahrung nicht nur wichtig für Verkäufer, sondern für alle. Vorrangig sollten Menschen mit Kundenkontakt im Bereich ihrer Wortwahl entwickelt werden, schließlich kommt der notwendige Umsatz von den Kunden. Aber auch Führungskräfte und Kollegen, die nur unter ihresgleichen sind, sollten in diesem Bereich trainiert werden, da es möglichst vermieden werden muss, dass Menschen andere Menschen durch ihr Verhalten oder ihre Worte verletzen oder stark irritieren.

Wenn wir die Perspektive wechseln, wird meine Behauptung der zwischenmenschlichen Defizite bei der Mehrheit der Mitarbeiter untermauert: Denn wenn wir selbst Kunde sind, verlassen wir bei Weitem nicht immer unseren Lieferanten aufgrund des Preises. Meistens scheitert eine Kundenbeziehung daran, dass der Verkäufer uns zu viele negative Gefühle gab. Denken Sie durchaus auch an solche „kleinen" Erlebnisse in Ihrem Privatleben: im Restaurant, beim Friseur oder bei Ihrer Bank. Ebenfalls ist gerade das Gefühl mangelnder Akzeptanz und Wertschätzung der Führungskraft der Grund, weswegen gerade die guten Mitarbeiter ihren Arbeitgeber verlassen.

Das heißt: Wenn Sie und Ihr Unternehmen erfolgreicher und zukunftsfähiger werden wollen, muss zielgerichtet geschult werden – speziell im zwischenmenschlichen Bereich. Denn reden kann jeder, aber nicht zwangsläufig so, dass es beim Gegenüber auch gut und zielführend ankommt.

## 2.6 Übernehmen Sie Verantwortung für Ihre Kommunikation

Viele Beziehungen – ob nun geschäftlich oder privat – laufen anders, als es sich die Partner vorgestellt haben. Um einen Konflikt zu vermeiden, wird gerne geschwiegen. Sie sollten davon ausgehen, dass viele Kunden Ihnen nicht immer die Wahrheit sagen. Vielleicht, weil sie Sie nicht verletzen wollen. Möglicherweise auch, weil sie Angst vor Ihrer dann aufkommenden Reaktion haben. Andere denken hingegen, dass Sie oder Ihre Firma es nicht besser können. Warum sollte man also dann das Gespräch mit Ihnen unbedingt suchen? Die Folge: Viele Enttäuschte sehen in der weiteren Zusammenarbeit keinen Sinn mehr und bereiten den Lieferantenwechsel lieber still und heimlich vor, um Sie dann vor vollendete Tatsachen zu stellen. Diese Taktik ist nachvollziehbar, denn andernfalls könnten Kunden befürchten, dass Sie dem abtrünnigen Kunden „in den Ohren hängen" und ihm ein schlechtes Gewissen einreden, damit er die Geschäftsbeziehung weiterhin aufrecht erhält. Doch wenn der Kunde wirklich glaubt, dass Sie es nicht besser „können" – warum soll er sich Ihnen gegenüber noch rechtfertigen und erklären? Hätten Sie als Kunde dazu Lust?

Doch auch viele Verkäufer gehen gerne den Weg des geringsten Widerstandes. Sie fürchten den Konflikt, weil sie im schlimmsten Falle den Kunden und somit Umsatz verlieren. Darum dulden sie es nur allzu häufig, wenn der Kunde sich nicht exakt an die Vereinbarungen hält. So gibt es viele Kunden, die 3 Prozent Skonto ohne Widerspruch ziehen dürfen, obwohl die Zahlungsfrist dafür deutlich überschritten worden ist. Auch werden „ausnahmsweise" Bestellungen entgegengenommen, die nicht den Vereinbarungen entsprechen (wie Mindestbestellwert, Packeinheiten, Rabatt auf den Auftrag und dergleichen).

Sollte sich ein Kunde nicht an die Vereinbarungen halten, dann sprechen Sie dieses sofort an. Sie können andernfalls davon ausgehen, dass sich der Kunde spätestens ab dem geduldeten Wiederholungsvorgang auf ein

Gewohnheitsrecht beruft. Und wie wollen Sie einem Kunden klarmachen, dass er nun nach drei Jahren plötzlich nicht mehr 3 Prozent Skonto ziehen darf, wenn er weiterhin die Zahlungsfrist um zehn Tage überschreitet?

Natürlich kann es sein, dass Sie oder die Verkaufsleitung diese Ausnahme dulden. Dennoch sollte das unbedingt von Ihnen vor Ort verbalisiert werden. Vielleicht mit „Ich habe aus unserer Buchhaltung die Information bekommen, dass Sie 3 Prozent Skonto gezogen haben, obwohl Sie die Frist dafür deutlich überschritten haben. Meine Kollegen aus der Buchhaltung wollten Ihnen diese 3 Prozent jetzt eigentlich nachfakturieren, aber ich war dagegen. Ich habe ihnen gesagt, dass das eine Ausnahme Ihrerseits war. Oder wie sehen Sie das?"

Sie haben auch andere Möglichkeiten: „Sie haben 3 Prozent Skonto gezogen, obwohl die Frist dafür deutlich überschritten worden ist. Solange meine Kollegen aus der Buchhaltung das so durchgehen lassen, lasse ich das auch durchgehen. Aber gehen Sie sicherheitshalber davon aus, dass das kein Dauerzustand bleibt. Denn wenn die Kollegen aus dem Controlling das merken, werden die darüber nicht glücklich sein und spätestens dann von mir verlangen, dass Sie pünktlicher zahlen. Ich gehe davon aus, dass sie somit vorübergehend diese Zahlungsweise beibehalten können, aber spätestens dann, wenn meine Kollegen auf die Einhaltung der Verträge drängen, dass Sie dann vereinbarungsgemäß zahlen. Ist das für Sie in Ordnung, wenn wir das so in unseren Unterlagen vermerken?"

Konflikte können am besten dann gelöst werden, wenn sich die Beteiligten darüber im Klaren sind, um welche Art von Konflikt es sich handelt.

**Es gibt verschiedene Arten von Konflikten**
- Soziale Konflikte (die auf anderen Denkweisen und Meinungen beruhen)
- Innere Konflikte (getreu dem Spruch „Zwei Seelen in meiner Brust")
- Strukturelle Konflikte (beispielsweise aufgrund der Firmenorganisation)

- Beurteilungskonflikte (Meinungsverschiedenheiten über den Lösungsweg)
- Zielkonflikte (Meinungsverschiedenheiten über das zu erreichende Ziel)
- Verteilungskonflikte (wer bekommt was?)
- Beziehungskonflikte (zwischenmenschlicher Konflikt)
- Rollenkonflikte (als Privatperson würden Sie vielleicht dem Kunden einen Zahlungsaufschub geben wollen, aber als Verkäufer dürfen Sie das nicht aufgrund Ihrer Vorgaben)

Eine Möglichkeit, um Konflikte anzusprechen, ist die SAG-ES-Formel:

**S** Sichtweise schildern: „Ich habe bemerkt, dass ..."
**A** Auswirkungen schildern: „Für mich bedeutet das ..."
**G** Gefühle benennen: „Dabei habe ich das Gefühl, dass ..."

**E** Erfragen, wie der andere die Situation sieht: „Wie sehen Sie das?"
**S** Schlussfolgerungen ziehen: „Wie könnten wir das lösen?" oder „Mir würde es gefallen, wenn ..."

Um einen Konflikt zu lösen, sollten Sie sich daher vorbereiten und einen Termin vereinbaren. Es versteht sich von selbst, dass Ihr Gesprächspartner weiß, um was es bei diesem Termin geht, damit dieser sich ebenfalls vorbereiten kann.

Zuerst muss bei dem Konfliktgespräch Einigkeit über die Fakten herrschen, die zu dem Konflikt führten. Denn wenn beide Seiten die Fakten unterschiedlich interpretieren oder sehen, kann nur schwer ein langfristiger Konsens gefunden werden. Daraufhin sind die Gründe und Ursachen zu erforschen, die zu diesen Fakten geführt haben. Erst dann können Lösungsmöglichkeiten unter Berücksichtigung der Gründe, die zu dem Konflikt führten, erarbeitet werden.

Diskutieren Sie die unterschiedlichen Lösungsmöglichkeiten und einigen Sie sich. Dies funktioniert umso besser, wenn alle Beteiligen darüber offen sprechen, welche Konsequenzen die neue Lösung für jeden Einzelnen hat. Wenn die Lösung im Interesse aller ist, kann am ehesten der Konflikt vollkommen beseitigt werden.

Anspruchsvolle Gespräche gelingen Ihnen umso besser, je besser Sie tatsächlich zuhören können. Doch leider hören die wenigsten, insbesondere in Stresssituationen, dem anderen zu. Vielmehr ist jeder mit sich selbst beschäftigt und denkt darüber nach, während der andere spricht, was nun gleich erwidert werden könnte. Doch so ist kein tatsächliches Zuhören möglich! Bemühen Sie sich also wirklich, den anderen zu verstehen. Lassen Sie sich auf Ihren Gesprächspartner tatsächlich ein. Achten Sie nicht nur auf dessen Worte, sondern auch auf dessen Körpersprache. Wenn Ihr Gegenüber das Gefühl hat, dass sie ihn wirklich verstehen wollen, lässt dieser sich auf Sie und Ihre Ansichten auch viel leichter ein. Wenn Sie die Meinungen nicht gleich kommentieren, sondern dessen Meinung hin und wieder in eigenen Worten zusammenfassen, fühlt sich Ihr Gegenüber besser verstanden und Sie beugen so möglichen Missverständnissen vor. Halten Sie sich möglichst lange mit Ihrer Meinung zurück, denn andernfalls ist die Gefahr eines Konflikts umso größer.

> **Merke**
>
> Denken Sie aber auch daran, dass Ihr Gesprächspartner „das Gesicht behalten" muss. Somit ist auch Ihr diplomatisches Geschick gefordert.

Generell ist es hilfreich, wenn Sie zu Gesprächsbeginn die Punkte herausarbeiten, die Sie beide verbinden. Denn wenn Sie beide wissen, was Sie voneinander haben, dann eskaliert gewöhnlich auch keine Diskussion.

Sie werden sich nie einigen können, wenn Sie nicht die Einigung wollen, nicht offen für die Meinung des anderen sind und keine Kompromisse eingehen wollen. Denn so wie Sie Gründe haben für Ihre Ansichten und Meinungen, so hat Ihr Gegenüber diese für sich auch. Und wer sagt denn, dass Sie tatsächlich im Recht sind?

Die Beziehung zwischen Menschen ist umso besser, je mehr diese sich selbst und den anderen akzeptieren. Dazu gehört es auch, im Gespräch Verantwortung zu übernehmen. Denn man ist nicht nur für das verantwortlich, was man sagt, sondern auch dafür, wie man den anderen verstehen will. Somit ist auch darauf zu achten, dass der andere es leicht hat, Sie zu verstehen.

Manche Verkäufer treiben ihre Kunden zur Weißglut: Sie texten ihre Kunden zu, diskutieren nicht der Lösung wegen, sondern um recht zu haben, übertreiben oder lenken ab. In der Rhetorik mag Rabulistik, die Kunst auf jeden Fall recht zu behalten, Applaus finden – aber Kunden wollen ernst genommen werden. Dazu gehört es auch, eventuelle Fehler oder Schwächen von sich aus einzugestehen. Kunden wollen überzeugt werden, aber nicht überredet.

Letztlich kommt Ihre Meinung besser bei Ihrem Gegenüber an, wenn Sie gewisse Feedback-Regeln beachten. Diese Regeln gelten nicht nur für die Kommunikation zwischen Verkäufer und Kunde, sondern auch für die Kommunikation unter Verkäuferkollegen oder Vorgesetztem und Mitarbeiter sowie im Privatbereich.

**Beherzigen Sie die Regeln für gutes Feedback**
- Feedback sollten Sie nur dann geben, wenn es gewünscht ist. Denn nicht immer alles, was man gut meint, kommt auch gut an. Sie sollten also gut abwägen, ob die Ansprache gewisser Themen Sie beide wirklich voranbringt. Seine Meinung zu verkünden, nur damit etwas gesagt wird, ist häufig weniger geschickt.
- Ihre Grundeinstellung muss gegenüber Ihrem Gesprächspartner wertschätzend sein. Andernfalls vergreifen Sie sich zu schnell im Wort und Ihr Gegenüber fühlt sich angegriffen.

- Eiern Sie aber auch nicht bei Ihrem Feedback herum. Kommen Sie auf den Punkt und sprechen Sie nicht über Peanuts. Wenn etwas sehr gut war, dann war es sehr gut. Suchen Sie dann nicht zwanghaft nach dem Haar in der Suppe.
- Es empfiehlt sich, mit etwas Positivem anzufangen. Denn niemals ist alles schlecht.
- Außerdem muss Ihr Feedback ressourcenorientiert sein. Das heißt, dass Sie darauf zu achten haben, mit Ihrem Feedback Hilfestellung zu geben, die auch vom Empfänger umsetzbar ist. Denn Feedback soll dem Empfänger helfen, sich zu verändern. Wenn aber jemand ein nervöses Zucken im Auge hat, einen roten Kopf bekommt oder Ähnliches, dann kann er/sie es nur schwer ändern. Also sprechen Sie solche Bereiche nicht als dringend veränderungsbedürftig an.
- Formulieren Sie auch keine Rangordnungen, Vergleiche oder Zensuren à la Dieter Bohlen in „Deutschland sucht den Superstar".
- Sprechen Sie aus Ihrer Sichtweise und erklären Sie diese auch anhand von Fakten. Beispiel „Ich habe gehört, wie du 23 Mal ‚eh' gesagt hast. Das hat mir die Konzentration erschwert."
- Es ist wichtig, dass Sie Ihre Meinung zeitnah sagen und nicht erst viel später.

Getreu dem Sprichwort „Die Zunge hat keine Knochen, kann aber Knochen brechen", sollten Sie sich stets darüber Gedanken machen, wie Sie wertschätzender kommunizieren. Machen Sie es auch Ihrem Gesprächspartner leichter, denn vielleicht will er Sie mit seinen Worten gar nicht verletzen, kann es aber im Moment nur nicht anders beziehungsweise besser darstellen. Mir hilft es immer, wenn ich Beiträge anderer Menschen als Meinungsvorschläge auffasse und nicht gleich als Angriff auf meine Person. Denn das, was unser Gegenüber sagt, ist schließlich seine Meinung. Und weil ich weiß, dass sowohl meine Meinung als auch seine Meinung falsch sein können, denke ich lieber in der Kategorie „sowohl als auch" statt in „richtig oder falsch".

**Eine Anmerkung noch zu Feedback im Seminarkontext:** Der Feedbacknehmer sollte sich über Feedback, das den vorhin aufgeführten Kriterien entspricht, freuen. Denn nur durch Feedback kann man sich verändern und verbessern. Manche Trainer fordern ein, dass sich der Feedbacknehmer zu bedanken und sonst zu schweigen hat. Das wird besonders dann gerne gemacht, wenn vorne ein Rollenspiel durchgeführt wurde, während die anderen Seminarteilnehmer zuschauen und ihre Beobachtungen schildern sollen. Dieser „Danke-und-fertig"-Weg ist natürlich für den Trainer einfach. Ich bin anderer Meinung: Wenn der Feedbacknehmer das Feedback nicht verstehen kann beziehungsweise konnte, muss er zurückfragen. Sollte er sich allerdings nur verteidigen wollen, hat er besser zu schweigen. Denn was ist ein Feedback wert, wenn man nicht sagen darf, wie es bei einem angekommen ist? Auch zeigt ein Feedbacknehmer durch Rechtfertigung, dass er sich „ertappt fühlt". Wenn er also noch „zurückbellt", dann bestätigt er letztlich nur sein Feedback. Aber generell Aussagen des Feedbacknehmers zu verbieten, ist eine Entmündigung des Seminarteilnehmers.

> **Praxistipp**
>
> Doch das Wichtigste ist: Feedback muss auch umgesetzt werden! Denn wie heißt es: „Der Feind meiner Fehler ist mein größter Freund!"

## 2.7 Schaffen Sie mehr Verbindlichkeit

Als Verkäufer ist es Ihre Aufgabe, den Wert der Gegenleistung in der Wahrnehmung Ihres Kunden zu steigern und nicht den Preis zu senken. Der Kauf hängt zum einen von den zugedachten Mehrwerten ab, welche sich der Kunde durch den Kauf verspricht. Zudem von seiner Zahlungsfähigkeit und -bereitschaft. Falls Sie häufig Preisdiskussionen haben, muss dies nicht unbedingt bedeuten, dass Ihre Preise zu hoch sind. Möglicherweise kommunizieren Sie zurzeit nur unzureichend die Mehrwerte für Ihre Kunden, sodass Sie durch einen ungeschickten Gesprächsaufbau und/oder einer schlechten Präsentation den Einwand „zu teuer!" provozieren.

Kunden akzeptieren in der Regel dann höhere Preise, wenn Sie sich durch den Kauf eine bessere Qualität und somit mehr Sicherheit versprechen. Bei Image- oder Prestigekäufen spielt der Preis in der Regel ebenfalls eine untergeordnete Rolle.

Machen wir uns nichts vor: Aufgrund eigener Erfahrungen als Kunde wissen wir, dass viele Anbieter deswegen günstig sind, weil sie damit von ihren Defiziten im Bereich Service und Produktqualität ablenken wollen. Auch muss allen Verkäufern im Hochpreissegment klar sein, dass sie nicht jeden Interessenten überzeugen können, weil manche andere Maßstäbe setzen.

Schauen Sie genau, ob Ihr Auftritt, Ihr Verhalten, Ihre Unterlagen und Ihre gesamte Vorgehensweise dem preislichen Niveau entsprechen, für welches Sie mit Ihrem Angebot stehen. Denken Sie immer daran: Sie müssen Ihren Preis nicht verteidigen oder gar rechtfertigen, Sie brauchen Ihren Preis nur zu erklären. Dazu kann es hilfreich sein, wenn Sie gemeinsam mit Ihrem Kunden kalkulieren und ermitteln, weshalb sich auch kaufmännisch Ihr höherer Preis lohnt. Unter zeitlichen und/oder mengenmäßigen Gesichtspunkten erscheint ein hoher Preis häufig klein im Verhältnis zu den Nutzen und Mehrwerten für den Kunden.

Die Ansprechpartner des Kunden müssen mit Preiskompetenz ausgestattet sein. Denn in der Praxis ist es keine Seltenheit, dass sich der Kunde an die Führungskraft des Verkäufers zwecks Preiszugeständnissen wendet, weil sein Ansprechpartner vor Ort diesem nicht nachkommen durfte. Wenn nun nämlich die Führungskraft einen Nachlass gibt, lernt der Kunde automatisch „Wenn ich bessere Preise will, hat mein üblicher Ansprechpartner eh keine Kompetenz. Zukünftig wende ich mich bei wichtigen Angelegenheiten immer an seinen Chef!" Besser ist es, wenn die Verkäufer die gleiche Preiskompetenz haben wir ihre unmittelbaren Vorgesetzten, denn so können Sie souverän im Kundengespräch sagen: „Mehr ist nicht möglich!" Außerdem reichen Verkäufer, die mit ihren eigenen Preisen Probleme haben, solche Kunden nicht immer gleich an die nächste Ebene weiter. Dass dies eine hohe Verantwortung für die Ansprechpartner vor Ort ist, versteht sich von selbst. Aber wer würde denn auch schon einen Mitarbeiter auf Kunden loslassen, dem er selbst nicht voll trauen könnte?

Einkäufer haben die Aufgabe, die erforderliche Qualität zum besten Preis zu erwerben. Folglich muss ein professioneller Einkäufer nach Preisnachlässen fragen. Heutzutage wissen selbst Privatpersonen: Wer nach Rabatten fragt, bekommt diese in der Regel auch. Vielleicht nicht in der gewünschten Höhe, aber im Allgemeinen ist es so, dass sehr viele Anbieter sehr schnell nachgeben und ein paar Prozente nachlassen, irgendetwas zusätzlich verschenken oder eine Position, wie beispielsweise die Anfahrt, nicht berechnen. Nur aufgrund einer einzigen Frage des Kunden! Im Umkehrschluss resultiert daraus die Erkenntnis: Wer nicht nach besseren Preisen fragt, ist der Dumme – oder hat zu viel Geld.

Einem professionellen Einkäufer ist das Fragen nach Rabatten nicht peinlich. Manch einem Privatkunden durchaus. Aber selbst diese werden immer durchtriebener. Denn wie würde man auch in seinem Freundeskreis dastehen, wenn man erzählt, ein Auto mit 10 Prozent Rabatt gekauft zu haben, wenn ein anderer durch die Frage, ob auch mehr möglich ist, 11 Prozent bekommen hat?

Da also die Frage nach einem besseren Preis so sicher ist wie das Amen in der Kirche, müssen Sie sich auf die Preisverhandlung optimal vorbereiten. Dennoch halten dies viele Verkäufer nicht für nötig. Solange der Rabatt noch innerhalb der Vorgaben ist, geben viele Verkäufer schnell nach. Ebenfalls dann, wenn ihr Einkommen nicht oder nur sehr wenig vom Deckungsbeitrag beziehungsweise Gewinn abhängig ist. Irgendwie ist es ja auch verständlich: Warum sollte man sich auch großartig für einen minimal höheren Preis anstrengen, wenn man sowieso immer den festen Provisionssatz auf seinen Umsatz bekommt? Und was sind schon beispielsweise 5 Prozent Rabatt, wenn doch ein entsprechender Umsatz dahintersteckt?

Nachfolgend zur Veranschaulichung ein grobes Beispiel, weswegen von Verkäufern eine hohe Preisverhandlungskompetenz zu verlangen ist:

**Kalkulation ohne Rabatt**
Umsatz: 1.000.000 Euro
Kosten:    900.000 Euro
Gewinn:    100.000 Euro

**Kalkulation nach 5 Prozent Rabatt**
Umsatz:    950.000 Euro
Kosten:    900.000 Euro
Gewinn:     50.000 Euro

Sie sehen: Obwohl „nur" 5 Prozent Preisnachlass gegeben worden sind, hat sich der Gewinn um 50 Prozent reduziert! Aber kaum ein Mitarbeiter mit Verkaufsverantwortung ist sich dieser Dramatik bewusst!

Viele Unternehmen machen sich regelmäßig darüber Gedanken, wie sie höhere Preise im Markt verwirklichen können. Wenn beispielsweise die Preise um 5 Prozent erhöht und auch durchgesetzt werden, sieht die Kalkulation wie folgt aus:

**Kalkulation nach 5 Prozent Preiserhöhung**
Umsatz: 1.050.000 Euro
Kosten:    900.000 Euro
Gewinn:    150.000 Euro

Daraus folgt für Sie die Frage: Was ist für Sie wahrscheinlich eher realisierbar? Eine Preiserhöhung um 5 Prozent durchzusetzen oder beim Verkaufen nicht mehr so schnell die 5 Prozent Rabatt zu geben?

Nicht zu vergessen ist, dass viele Kunden gar nicht unbedingt riesige Preisnachlässe wollen. Häufig wünschen sie nur die Sicherheit, dass sie nicht in den nächsten Wochen nach dem Kauf böse überrascht werden und plötzlich erfahren, dass auch „mehr" in den Preisen drin gewesen wäre. Ebenfalls bereitet Feilscherei vielen Spaß. Sie sind auf der Suche nach einem gewissen Erfolgserlebnis. Für dieses Gefühl ist nicht immer unbedingt nur der Barrabatt ausschlaggebend. Manchmal reicht dafür auch eine andere Art der Anerkennung. Klar: Das Internet macht Preisvergleiche für jedermann möglich. Aber können Kunden wirklich von Verkäufern glücklich gemacht werden, wenn diese immer nur den billigsten Preis wollen?

Üben Sie sich also darin, mindestens drei Mal der Rabattforderung des Kunden zu widerstehen. Denkbar sind hier Formulierungen, die den Nachlasswunsch respektieren, aber dennoch das Gespräch mit einer Frage Richtung Abschluss lenken:

- „Ich kann verstehen, dass Sie den besten Preis haben möchten. Seien Sie sich bitte sicher: Das ist der beste Preis. Brauchen Sie von dem Auftrag eine Kopie?"
- „Dieses Angebot habe ich individuell für Sie kalkuliert. Es berücksichtigt alle Dinge, die Ihnen wichtig sind – und deswegen ist der Preis so auch in Ordnung. Wann wollen wir mit der Umsetzung anfangen?"
- „Ich versichere Ihnen, dass dies der beste Preis ist. Er ist vielleicht ein wenig höher, als Sie gedacht haben, doch auch andere Kunden haben mir bestätigt: Diese Investition hat sich gelohnt. Deswegen bin ich mir sicher, dass auch Sie viel Spaß an dem Produkt haben werden. An welche Adresse darf ich Ihnen die Ware schicken?"

Vergessen Sie nie: Wenn Sie zu schnell einen Rabatt geben, dann berauben Sie Ihren Kunden auch um sein Erfolgsgefühl. Denn wenn Sie mich als Verkaufstrainer buchen und dann beispielsweise fragen „Wenn ich Sie zwölf Tage buche, bekomme ich doch einen Tag ohne Berechnung, oder?", was würden Sie von mir denken, wenn ich sofort sage: „Ja!"? Sehr wahrscheinlich würden Sie dann von mir glauben, dass Sie von mir im Bereich der Preisverhandlung nicht viel lernen werden. Ich habe Sie somit verunsichert. Auch ist denkbar, dass Sie sich die nächste Zeit mit der Frage beschäftigen, ob Sie wohl zwei Tage von mir geschenkt bekommen hätten, wenn Sie doch nur danach gefragt hätten. Sie sehen: Zu schnell Preisnachlässe geben ist für beide Seiten ungeschickt: Der Verkäufer verschenkt reinen Gewinn und der Kunde ist womöglich immer noch nicht glücklich. Denn was nützt ihm der billigere Preis, wenn er ein negatives Gefühl hat?

Machen Sie sich ebenfalls darüber Gedanken, welches „Futter" Sie als Alternative zu einem Preisnachlass anbieten können. Vielleicht zusätzliche Ware, ein etwas längeres Zahlungsziel, einen zinslosen oder sehr niedrig verzinsten Ratenplan, eine kostenlose Schulung, ...

> **Praxistipp**
>
> Sie sollten immer davon ausgehen, dass Ihr Gegenüber früher oder später eine Preisverhandlung startet. Seien Sie vorbereitet.

Bevor Sie sich auf eine Preisverhandlung einlassen, sollten Sie stets für Verbindlichkeit sorgen. Denn wenn Sie einen Preisnachlass anbieten und der Kunde dann immer noch nicht kauft, weil er es sich noch einmal überlegen will, haben Sie nicht viel gekonnt. Auch ist es ärgerlich, wenn Sie beispielsweise vorschnell Ihren möglichen Maximalrabatt geben, der Kunde aber immer noch weitere Nachlässe und Zugaben einfordert. Sie als Verkäufer sind entscheidend dafür verantwortlich, dass Ihre Kunden beim Anwenden einer solchen Salami-Taktik möglichst wertschätzend auf Granit beißen.

Sie sollten immer zwei hypothetische Fragen stellen, bevor Sie Preiszugeständnisse machen:

| Kunde: | „Was ist denn noch beim Preis möglich?" |
|---|---|
| Verkäufer: | „Gibt es außer dem Preis noch etwas anderes, was Sie vom Kauf abhält?" |
| Kunde: | „Nein!" |
| Verkäufer: | „Das heißt, wenn wir uns heute beim Preis einigen, kaufen Sie auch heute?" |
| Kunde: | „Ja!" |

> **Praxistipp**
>
> **Auf Rabattforderungen können Sie unterschiedlich reagieren:**
> - Sie erklären, weswegen ein Preisnachlass leider nicht möglich ist.
> - Sie fragen den Kunden, welcher Teil Ihres Angebotes zu teuer ist.
> - Sie erkundigen sich, wie denn seine Rabattvorstellung ist.
> - Sie fragen, welche Möglichkeiten er sieht, Ihnen entgegenzukommen, damit auch Sie ihm entgegenkommen können (Motto: keine Leistung ohne Gegenleistung).

Wenn die Antworten des Kunden auf die beiden hypothetischen Fragen nicht mit Klarheit, Eindeutigkeit und fester Überzeugung erfolgen, dann ist da häufig noch ein weiteres Kaufhindernis. Fragen Sie dann unbedingt nach, vielleicht mit „Ich habe das Gefühl, dass da noch etwas anderes außer dem Preis ist, was uns beide trennt. Was ist es?" Sollte Ihr Kunde nämlich das Gefühl haben, dass Ihr Angebot ihm nicht den in Aussicht gestellten Nutzen bringt, dann fehlt ihm nicht vorrangig ein Preiszugeständnis, sondern Wissen und das Gefühl der Sicherheit. Selbst dann, wenn nun noch weitere Rabatte folgen, wird sich ein Kunde nicht zum Kauf überwinden können, da er ja immer noch ein anderes Problem sieht. Klären Sie somit unbedingt vorab alle offenen Punkte, bevor Sie weitere Rabatte geben. Denn der Preis ist egal, wenn die Gegenleistung stimmt. Ihre Aufgabe als Verkäufer ist es nicht, den Preis zu senken, sondern den Wert Ihres Angebots in der Wahrnehmung des Kunden zu erhöhen.

Es gibt manche Anbieter, die solche Preisverhandlungen als sehr unangenehm empfinden. Zum einen, weil sie selbst nicht zu den eigenen Preisen stehen. Zum anderen, weil sie glauben, sie müssten dem Kunden gegenüber großzügig sein, damit die gute Beziehung für weitere Geschäfte ebnen zu können. Man will ja flexibel erscheinen und als Ansprechpartner gelten, „mit dem man reden kann".

Sehen Sie Fragen nach besseren Konditionen nicht als Angriff auf Ihr Angebot oder gar auf Ihre Person. Sehen Sie lieber derartige Fragen als Kaufsignale. Denn wenn jemand gar kein Interesse hätte, dann würde er auch nicht nach besseren Preisen fragen. Sollte der Kunde nur ein Alibi-Angebot von Ihnen haben wollen, damit er seinen Wunschlieferanten – also Ihren Mitbewerber – besser erpressen kann, dann tragen die beiden hypothetischen Fragen dazu bei, dass Sie nicht umsonst die „Hosen runterlassen". Natürlich gibt es auch Gesprächspartner, für die das zuvor gegebene Wort nicht zählt. Aber einen hundertprozentigen Schutz vor Lügnern und Blendern gibt es leider nicht. Sie können aber nicht nur bei der Preisverhandlung verbindlicher werden, sondern generell. Denn welchem Verkäufer ist es noch nicht passiert, dass

- er nach dem Gespräch merkte, er hat noch ein Detail vergessen zu erfragen oder zu klären?
- der Kunde plötzlich nach einem langen Small Talk sich für das Gespräch bedankte und auf seine nächsten Termine verwies, während der Verkäufer noch gar nicht zum eigentlichen Thema gekommen ist?
- er lange mit dem Kunden gesprochen hat, sich aber nun trotz des Gespräches immer noch nichts ändern wird?
- der Kunde mit ganz anderen Erwartungen in das Gespräch gegangen ist als der Verkäufer?

Solche Erfahrungen können Sie für die Zukunft leichter vermeiden, indem Sie für mehr Struktur und Verbindlichkeit rechtzeitig sorgen. Viele Kunden werden es Ihnen danken. Denn Menschen finden es gewöhnlich professionell, wenn sie geschickt und wertschätzend durch ein Gespräch geführt werden, um ein gemeinsames Ziel zu erreichen. Es versteht sich von selbst, dass dieses gemeinsame Ziel vorab für beide Seiten geklärt sein muss.

Schon vor dem persönlichen Termin können Sie viele Details rechtzeitig telefonisch klären:
- Welche Erwartungen haben Sie an das Gespräch?
- Wie viel Zeit wollen wir für das Gespräch einplanen?
- Gibt es bestimmte Details, die Ihnen sehr wichtig sind?

Es passiert nur allzu häufig, dass der Kunde ganz andere finanzielle Vorstellungen hat als der Anbieter. Erfreulicherweise sind viele Kunden auch bereit, einen höheren Preis zu zahlen, wenn die Gegenleistung stimmt. Aber es gibt auch ein paar Billigheimer, die letztlich nur am günstigsten Preis interessiert sind. Gewöhnlich ist es reine Zeitverschwendung, für diese Zielgruppe einen großen Aufwand zu betreiben. Denn wenn Sie nicht zu den Billigsten gehören, dann ist die Wahrscheinlichkeit groß, dass solche Personen nur von Ihnen Informationen gewinnen wollen – aber nicht kaufen werden. Wer nur berät, aber nicht verkauft, hat umsonst gearbeitet. Daher ist es sehr hilfreich, wenn Sie in gewissen Situationen bereits am Telefon die Preisbereitschaft erfragen. Sie könnten beispielsweise sagen „Damit ich mir vorab schon einmal ein paar Gedanken machen kann, hätte ich gerne von Ihnen gewusst, wie viel Sie ungefähr investieren wollen." Auch die Frage, nach welchen Kriterien sich der Kunde entscheiden wird, ist sehr nützlich. Sollten Sie das Gefühl haben, dass es dem Kunden vorrangig um den Preis geht, dieser aber kein Budget nennen will, dann helfen Sie ihm. Sagen Sie einfach ganz unverblümt, also mit Selbstverständlichkeit und Überzeugung, wo Sie ungefähr preislich liegen. Nennen Sie eine Preisspanne. Fragen Sie Ihren Kunden, ob diese Preisspanne für ihn in Ordnung ist. Denn wenn Sie mehr als doppelt so teuer sind wie der Billigste, dann werden Sie solche Billigheimer mit hoher Wahrscheinlichkeit nicht überzeugen können, das Doppelte zu investieren. Sollten Sie schon am Telefon merken, dass eine solche Investition für den Kunden undenkbar ist, sagen

Sie lieber gleich den Termin ab. Gerade zu diesem entschlossenen Erteilen von Absagen bei zu geringer Auftragswahrscheinlichkeit sind gerade unerfahrene Verkäufer nicht bereit. Getreu dem Motto „Die Hoffnung stirbt zuletzt" investieren sie dann häufig dennoch viel Zeit, Energie und Geld, um dann vielleicht doch noch einen Auftrag zu machen. Erfolgreiche Verkäufer hingegen sind sich ihrer knappen Ressourcen bewusst und suchen lieber woanders nach besseren Chancen.

Wenn Sie vor Ort das persönliche Gespräch eröffnen, klären Sie mit Ihrem Gesprächspartner die Rahmenbedingungen. Fragen Sie, wie viel Zeit er jetzt für dieses Gespräch eingeplant hat. Wiederholen Sie das bei der Terminvereinbarung Verstandene. Sagen Sie beispielsweise: „Wenn alles beim Alten geblieben ist, dann wollen wir uns heute über Thema X austauschen. Ist das so?" Fragen Sie ruhig nach, ob noch weitere Punkte hinzugekommen sind. Sollte es ein sehr umfangreiches Gespräch werden, spricht auch nichts dagegen, wenn vorab eine Art Tagesordnung gemailt oder gefaxt wird. Kurz: Es ist wichtig, dass Sie für eine inhaltliche Klarheit sorgen.

## 2.8 Kunden (sollen) gehen – das gehört dazu

Es ist nur in den seltensten Fällen schön, wenn Geschäftsbeziehungen beendet werden. Immer wieder kann es passieren, dass sich ein Kunde von Ihnen verabschieden will. Oder aber Sie zu der Erkenntnis kommen, dass Sie sich von einem Kunden verabschieden müssen, weil die Weiterführung der Geschäftsbeziehung nur noch Zeit, Geld und Nerven kostet.

Es gibt keine sicheren Kunden: Von heute auf morgen kann Ihnen gegenüber Ihr Kunde verkünden „Ich will nicht mehr!" Dafür ist nicht immer zwangsläufig der billigere Mitbewerber verantwortlich. Häufig spürt der Kunde auch vor einem Wechsel und einer ernsthaften Auseinandersetzung mit Ihren Mitbewerbern eine gewisse Unzufriedenheit. Kundenzufriedenheit gibt es in zwei Kategorien: zum einen die Zufriedenheit mit der konkret gekauften Gegenleistung, also dem Produkt oder der Dienstleistung. Zum anderen die Beziehung zu seinen Ansprechpartnern. Gerade weil Produkte und Angebote aus der Sicht der Kunden immer ähnlicher werden, spielen die Faktoren der zweiten Kategorie eine immer größere Rolle. Denn wer hat es als Kunde nicht schon einmal erlebt, dass plötzlich die Chemie zum Ansprechpartner nicht mehr stimmte? Ein Personalwechsel kann schnell dafür sorgen, dass dem Kunden eine gewisse „Heimat" plötzlich fehlt. Aber auch mangelnde Anerkennung sowie fehlende Gegenseitigkeit führen oft zum Abbruch der Geschäftsbeziehung. Spätestens dann, wenn der Kunde das Gefühl hat, dass sein Ansprechpartner mangelhafte Kompetenzen hat oder gar sein Vertrauen missbraucht, ist die Leidensfähigkeit des Kunden erschöpft. Da ist der Wechsel zum Mitbewerber nur logisch und konsequent. Kurz: Wenn die Erwartungen des Kunden mit den gemachten Erfahrungen (sachlich als auch emotional) nicht in seinem Sinne übereinstimmen, ist die Geschäftsbeziehung gefährdet.

> **Merke**
>
> Es gibt keine „sicheren" Kunden. Das wusste auch schon Benjamin Franklin, der für sein Zitat „Nichts in dieser Welt ist sicher, außer dem Tod und den Steuern" bekannt ist.

Viele Firmen führen umfangreiche Kundenzufriedenheitsanalysen durch. Doch eine Befragung ist das eine, die richtige Interpretation des Ergebnisses das andere. Außerdem haben viele Unternehmen nicht die notwendigen finanziellen Mittel, um eine tiefgründige Befragung und Analyse durchzuführen. Denn das ein Fragebogen à la „Wie zufrieden sind Sie? Bitte geben Sie eine Note zwischen 1 und 5" nicht viel bringen kann, liegt auf der Hand: Nur weil ein Kunde zufrieden ist, bleibt er noch lange nicht treu. Eine mögliche Erklärung bietet Ihnen ein alltägliches Beispiel aus dem Restaurant-Alltag:

In fast jedem Restaurant fragt das Bedienungspersonal „Hat es Ihnen geschmeckt?" Die wenigsten antworten bei Missfallen ehrlich. Vielleicht, weil sie glauben, dass diese Frage eine ähnliche Floskel ist wie der Satz „Na, wie geht's?" Möglicherweise auch, weil sie eh nicht glauben, dass ihre Meinung wirklich gefragt ist. Diesen Eindruck haben Gäste besonders, wenn das Bedienungspersonal auch gar keine Antwort mit Blickkontakt einfordert, sondern sowieso schon bei der Frageformulierung den Tisch abräumt. Kunden halten sich in der Regel mit einer möglichen negativen Antwort ebenfalls zurück, wenn sie erwarten müssen, dass das Personal ihr Statement als Angriff oder Beleidigung auffassen wird oder damit überfordert sein könnte. Falls Sie jetzt denken, dass Sie immer Ihre Meinung klar sagen, erst recht dann, wenn Sie darum gebeten werden, verallgemeinern Sie bitte nicht. Fragen Sie ruhig in Ihrem Freundes- und Kollegenkreis nach, wer wirklich im Restaurant ehrlich ist. Wenn ich bei Seminaren oder Vorträgen die Frage stelle, wer von den Teilnehmern denn wirklich bei Missfallen auf diese Frage reklamiert, haben sich bisher immer weniger als die Hälfte gemeldet.

Ich beispielsweise sage immer ja, außer es war wirklich ganz schlimm. Aber dann sage ich schon etwas, bevor die Bedienung abräumt ... Bringt mir aber beispielsweise das Personal einen Milchkaffee, bei dem die Untertasse „schwimmt", dann reklamiere ich nicht (mehr). Denn ich gehe davon aus, dass solche Oberflächlichkeiten von der Restaurantleitung gewollt und akzeptiert werden. Andernfalls müsste ja jedem Mitarbeiter klar sein, dass solch ein Getränk aufgrund seiner eindeutigen negativen Optik so nicht serviert werden darf. Ich gehe dann dort nicht mehr hin, getreu dem Motto: Der Kunde lacht als Letztes, denn der bestimmt, wo er sein Geld lässt. Und wer seine Mitarbeiter so etwas servieren lässt, der lässt wahrscheinlich in der Küche noch viel mehr zu ... Vorurteil? Vielleicht. Aber wer denkt nicht in Kategorien und Verallgemeinerungen?

**Es gibt drei Möglichkeiten, weshalb Sie Kunden verlieren**
- Sie verärgern oder enttäuschen Ihren Kunden und drängen beziehungsweise zwingen ihn somit zum Mitbewerber.
- Der Mitbewerber wirbt Ihnen „Ihren" Kunden ab. Vielleicht durch bessere Preise oder attraktivere Leistungsversprechen.
- Der Kunde ist für Sie nicht mehr erreichbar. Möglicherweise, weil er Pleite gegangen ist, sein Geschäft geplant aufgegeben hat oder seinen Geschäftszweck derartig veränderte, dass dieser Ihr Angebot nicht mehr benötigt.

Die Bindung zwischen Kunden und Lieferanten kann unterschiedlich „hart" ausfallen. So ist ein klassischer Appell an das Weiterbestehen der Geschäftsbeziehung als „sehr weich" einzustufen, weil der Kunde vielleicht beim Wechsel nur kurzfristig ein schlechtes Gewissen bekommen könnte. Wenn Kunden aber aus Überzeugung kaufen und deswegen den Kontakt aufrechterhalten, sie sich also freiwillig binden, kann von einer „weichen" Bindung gesprochen werden. „Harte Bindungen" klingen nur nach ewiger Geschäftsbeziehung, können aber über kurz oder lang ebenfalls aufgelöst werden. Darunter fallen Regelungen wie Lizenz- oder Wartungsverträge, Abnahmevereinbarungen, gekoppelt an Konditionen, aber auch technologische Bindungen durch abgestimmte Systeme bis hin zu Kapitalverflechtungen beider Unternehmen.

Selten vollzieht sich ein Kundenverlust von heute auf morgen. Meistens gibt es klare Anzeichen, welche aber der Anbieter nicht bemerkt oder bemerken will.

**Es gibt unterschiedliche Indikatoren, die einen Kundenverlust andeuten können**
- Der Kunde bestellt zunehmend weniger.
- Zunehmend muss der Verkäufer den Aufträgen „hinterherrennen"
- Der Kunde spricht weniger mit dem Verkäufer oder lässt sich sogar von seinen Kollegen vertreten.

- Es finden sich vermehrt Muster des Mitbewerbers oder andere Spuren (Visitenkarten, Flyer, ...) im Lager des Kunden oder in seinem Büro.
- Der Kunde reklamiert öfter oder beschwert sich zunehmend über Ihre Firmenpolitik.
- Der Kunde hat Probleme, Ihre Rechnungen zu zahlen und könnte nun in Versuchung geraten, auf eine bessere Bonität bei Ihren Mitbewerbern zu hoffen.
- Der Kunde entwickelt Ihnen oder Ihrem Unternehmen gegenüber zunehmend mehr Gleichgültigkeit. Beispielsweise antwortet er nicht mehr so schnell auf Mails wie zuvor. Oder er regt sich über gewisse Dinge des Tagesgeschäftes mit Ihnen nicht mehr auf, weil er bereits weiß, dass er das bald eh nicht mehr tun muss.
- Der Kunde reagiert nicht mehr auf Messeeinladungen oder sonstige Maßnahmen, die zuvor für ihn sehr wichtig schienen.

Häufig fühlen sich Verkäufer angegriffen, wenn Sie vom Kunden „aus heiterem Himmel" erfahren, dass sie die Geschäftsbeziehung beenden wollen. Nur gehen heutzutage nicht viele Kunden davon aus, dass ihre Lieferanten ihr Bestes immer geben? Erwarten nicht sogar Kunden, dass Verkäufer alles dafür unternehmen, um die Beziehung zu retten, weil sich so manche zurücklehnen mit dem Satz „Die wollen schließlich mein Geld, also sollen die sich auch kümmern!"? Muss ein Kunde nicht davon ausgehen, dass Sie es einfach nicht besser können, wenn Sie es so machen, wie Sie es machen? Wozu soll ein Kunde Sie dann unnötig belasten, wenn er einfach andere Erwartungen und Wünsche hat und davon ausgehen muss, dass er darüber nicht sprechen müsse, weil Sie es ja sonst schon längst so täten, wie er es gerne hätte?

> **Praxistipp**
>
> Gehen Sie davon aus, dass Ihnen die wenigsten Kunden auf die Frage „Sind Sie zufrieden?" ehrlich antworten werden. Denn häufig möchte der Kunde Sie als seinen Ansprechpartner nicht unnötig verletzen – oder er fürchtet, dass er sich Ihnen gegenüber rechtfertigen muss, weil Sie seine Meinung nicht nachvollziehen können.

Auch empfinden viele Kunden solche Gespräche als sehr unangenehm. Darum konfrontieren viele ihre bisherigen Lieferanten gleich mit dem konkreten Ergebnis, als dass sie schon Wochen oder gar Monate zuvor einen möglichen Wechsel ankündigen. Einkäufer müssen ihre Entscheidung auch intern rechtfertigen und durchsetzen können. Da spielen in der Regel Fakten eine größere Rolle als Emotionen und Beziehungen zwischen Einkäufer und Verkäufer. Wie würde auch ein Einkäufer dastehen, wenn seine Kollegen sagen „Sie kaufen ja immer noch bei der Firma!", wenn er erwidern würde „Ja, aber der Verkäufer ist so nett!"?

*Zahlreiche Verkäufer reagieren überdurchschnittlich emotional auf Kundenabwanderungen. So musste ich mir als Kunde von einem Banker Vorwürfe anhören wie „Und das sagen Sie mir zwei Tage vor Weihnachten? Warum haben Sie denn da nicht noch bis ins nächste Jahr gewartet oder das eher gesagt?" Auch Ratschläge in Form von „Sie müssen Anlagen immer langfristig sehen und dürfen sich deswegen nicht von kurzfristigen Schwankungen beirren lassen" bis hin zu „Am besten lassen Sie die Finger weg von Aktien. Dazu kenne ich Sie mittlerweile zu gut." Ich habe mich nach dem Gespräch gefragt, wozu denn der gute Mann eine umfangreiche Befragung durchführte, um meine Wünsche und Erwartungen an die Geldanlage zu erfahren. Hätte er meine Erwartungen mit den Fakten zwischendurch abgeglichen, geschaut, ob mögliche Mitbewerber das vielleicht im gleichen Zeitraum besser hingekriegt haben, hätte er wissen müssen, dass es zu diesem Ende kommen muss.*

Andere Verkäufer appellieren in solchen Situationen ebenfalls hoch emotional. Argumente von „Sie können doch eine fünfjährige Beziehung nicht einfach über Bord schmeißen!" bis hin zu Angst und Bange machen wie „Ich brauche Ihnen als Fachmann ja nicht zu sagen, dass die 20 Prozent, die der Mitbewerber günstiger ist, irgendwo eingespart wurden. Stellen Sie sich vor, wenn Sie aufgrund von ein paar Euro im Jahr deswegen ein Produktionsausfall hätten oder mehr Reklamationen ..." Interessanterweise funktionieren solche Appelle bei manchen Kunden sehr gut. Aber ist es nicht letztlich so, dass ein Verkäufer beziehungsweise Anbieter bei schlecht abgelieferter Arbeit oder Argumentation umso mehr appellieren muss?

Ich persönlich halte es für falsch, wenn Verkäufer über die emotionale Schiene versuchen, die Kundenbindung zu retten. Denn nach meiner Meinung ist dies nicht nur unprofessionell, sondern auch langfristig schädlich. Denn wieso sollte ein Kunde zu Ihnen gerne zurückkommen, wenn Sie ihm vielleicht vor drei Jahren wegen seiner Wechselabsichten versucht haben, ein schlechtes Gewissen einzureden? Das bedeutet natürlich nicht, dass ein Verkäufer nicht durchaus sagen sollte, dass er die Kundenentscheidung bedauert. Aber wenn sich beide auf Augenhöhe verabschieden, Sie vielleicht sogar den Kundenwunsch aufgrund der auslösenden Vorkommnisse respektieren und anerkennen, dann zeugt das nach meiner Meinung von Souveränität.

Professionelle Verkäufer bleiben im Verhältnis zu Anfängern relativ cool, wenn „ihr" Kunde sie verlässt. Dies liegt auch daran, dass sie auf solche Situationen vorbereitet sind, und beispielsweise
- mit dem Kunden einen positiven Verbleib schließen, wie man denn zukünftig miteinander umgeht,
- dem Kunden klar signalisieren, dass die Tür für eine erneute Geschäftsbeziehung offensteht,
- und bei der Gelegenheit den Kunden konkret bitten, spätestens jetzt Klartext zu reden, um aus diesem Vorkommnis zu lernen, getreu dem Motto „Dumm ist nicht der, der Fehler macht, sondern der, der Fehler wiederholt!"

Die Gewohnheit ist ein ernst zunehmender Gegner. Vielleicht halten deswegen auch viele Verkäufer an Kundenbeziehungen fest, die eigentlich gar keine mehr sind. Da „schleppen" Verkäufer über Jahre Kunden mit Mini-Umsätzen durch die Statistik. Natürlich kann man schnell sagen, dass aus vielen kleinen Kunden auch mal große Kunden werden können. Doch wie realistisch ist es, wenn ein Verkäufer beispielsweise hundert Kunden hat, von denen zwanzig Kunden über die letzten fünf Jahre einen irrelevanten Umsatz tätigten, dass diese nun plötzlich umsatztechnisch „explodieren"? Warum sollte ein Kunde von heute auf morgen „Herzlichen Glückwunsch! Heute ist Ihr Glückstag. Ich habe mich entschieden, zukünftig jährlich nicht mehr 500 Euro mit Ihnen zu machen, sondern 30.000 Euro!" sagen? Sie als Verkäufer sind dafür verantwortlich, dass aus den einzelnen Kontakten keine Fortsetzungen der Geschäftsbeziehung werden, sondern echte Fortschritte. Es ist ganz natürlich, dass manche Kunden nicht dazu bereit sind, mit Ihnen „vernünftige" Umsätze zu machen. Aber warum müssen Sie diese denn noch (genauso intensiv) besuchen? Machen wir uns doch nichts vor: Es gibt gewisse Kunden, die wollen auf absehbare Zeit nicht enger und mehr mit Ihnen zusammenarbeiten. Wenn das dahinterstehende derzeitige Volumen nicht für Sie attraktiv genug ist, dann müssen Sie deswegen nicht unbedingt diesem Kunden treu bleiben. Denn wie kann ein Kunde von Ihnen erwarten, dass Sie vollen Einsatz bringen, wenn er nicht dazu bereit ist, Ihnen dies mit angemessenen Aufträgen zu danken?

Eine Erklärung könnte sein, dass viele Verkäufer in eine Denkfalle tappen: Sie haben über viele Jahre Zeit, Engagement und Geld investiert – und nun macht der Kunde immer noch nicht mehr. Wenn nun der Kontakt zum Kleinstkunden abgebrochen werden soll, würden viele reflexartig antworten „Ja, aber ich habe doch schon viel zu viel in den Kunden investiert. Wenn ich jetzt damit aufhöre, dann war doch alles nahezu umsonst!" Ähnliche Reaktionen sind auch von den Wertpapierbörsen bekannt: Jemand kauft Aktien. Sie fallen. Statt nun einfach zu sagen „Okay, mein persönliches Stop-loss-Limit wurde unterschritten. Ich rette jetzt mein restliches Geld und suche neue Anlagechancen!" bleiben viele bei ihrer Anlageentscheidung. Sie reden sich es das dann schön mit Sätzen wie „Wer eine Aktie nicht hat, wenn sie fällt, hat sie auch nicht, wenn sie steigt!", oder suchen in Magazinen oder im Internet nach Kaufempfehlungen für ihre Aktie, die sie gerade halten. Warum? Weil sie einfach nicht wahrhaben wollen, dass sie sich geirrt haben. Dieses Verhalten ist nur allzu natürlich. Denn wer gibt schon gerne Fehler zu? Häufig werden sogar Aktien nachgekauft, um den Einstandspreis zu verbilligen. Schließlich muss dann die Aktie nicht mehr ganz so stark steigen. Die Börsenweisheit „Man soll schlechtem Geld kein weiteres hinterherwerfen!" kennen viele – aber häufig ist der Anleger davon überzeugt, dass diese Regel für ihn nicht gilt. Denn sonst hätte er ja schon damals überhaupt nicht die Aktie gekauft, wenn er nicht die Überzeugung gehabt hätte, dass sie steigen wird.

Natürlich können Aktien auch wieder steigen. Sie tun es auch hin und wieder. Aber gibt es nicht auch andere Aktien, die im gleichen Zeitraum schnellere und bessere Ergebnisse abgeworfen hätten?

> **Praxistipp**
>
> Schauen Sie genau hin, ob Sie gewisse Kleinstkunden weiterhin so intensiv betreuen sollten wie bisher.

So ähnlich ist das auch mit Ihren Kundenbeziehungen: Natürlich kann sich ein Kleinstkunde irgendwann einmal gut entwickeln. Aber wenn Sie schon über Jahre hinweg viele Kleinstkunden bedienen und betreuen, die einfach nicht mehr machen, wie groß ist dann die Wahrscheinlichkeit wirklich, dass der Durchbruch erfolgt? Wenn Sie hier nicht aktiver werden und das Gespräch suchen, dann wird sich mit hoher Wahrscheinlichkeit auch wenig in den nächsten Jahren ändern.

Damit Sie zukünftig leichter bessere Entscheidungen treffen können, probieren Sie bitte folgenden Denkansatz: Schauen Sie nicht auf das, was sie in die Geschäftsbeziehung investiert haben. Richten Sie Ihren Blick auf die Zukunft der Geschäftsbeziehung. Schauen Sie sehr kritisch, ob wirklich unter den gegenwärtigen Bedingungen mit den wahrscheinlich zukünftig eintretenden Einflüssen „mehr" daraus werden kann. Wenn das Ergebnis negativ ist, müssen Sie andere Verhaltensweisen an den Tag legen. Sonst „pflegen" Sie zu viele Zeit- und Energiefresser, welche Sie von wichtigeren Dingen abhalten.

Suchen Sie also regelmäßig mit Ihren Kunden das Gespräch. Finden Sie heraus, ob sich seine Wünsche und Erwartungen im Laufe der Monate und Jahre geändert haben. Verdeutlichen Sie ihm, welche Vorteile und Mehrwerte es für ihn hat, wenn er zukünftig mehr bei Ihnen kauft und Sie nicht mehr als sein C-Lieferant einstuft. Machen Sie ihm mit Konzepten deutlich, wie er mit Ihrem Know-how wachsen kann und seine Ziele besser erreichen wird. Sagen Sie ihm aber auch klar, dass Sie unter einer fairen Geschäftsbeziehung ein Geben und Nehmen verstehen – und somit nicht auf Dauer Kleinstumsätze akzeptieren können. Finden Sie heraus, wie er die Zusammenarbeit mit Ihnen empfindet und was Sie in seiner Wahrnehmung anders machen, als seine derzeitigen A-Lieferanten. Haben Sie aber auch den Mut, nach beispielsweise einem Jahr zu sagen: „Lieber Kunde, ich habe das Gefühl, dass unsere gemeinsamen Anstrengungen uns beide noch nicht dahin gebracht haben, wo wir beide hin wollen. Was fehlt, damit wir beide unsere Zusammenarbeit intensivieren können?"

Halten Sie sicherheitshalber einen Plan bereit, wie Sie sich das vorstellen. Denn möglicherweise würde der Kunde mehr mit Ihnen machen, hat aber spontan keine Idee. Sollte sich nach einigen Monaten immer noch keine Besserung abzeichnen, dann gibt es in der Regel kaum einen Grund, nicht zu sagen „Lieber Kunde, Ihre Zeit ist wertvoll und meine auch. Ich habe das Gefühl, das wir beide einfach nicht wirklich glücklich miteinander werden können. Daher schlage ich vor, dass wir unsere Zusammenarbeit beenden!"

Denn denken Sie immer daran: Während Sie bei Ihren Kleinstkunden sitzen, die womöglich schon längst entschieden haben nicht intensiver mit Ihnen zusammenzuarbeiten, geht Ihr Mitbewerber zu den großen Kunden und Interessenten hin und macht dort das Geschäft. Ein Geschäft, welches lieber Sie machen sollten.

# 3.
# Sorgen Sie für Performance – mit den besten Verkäufern und der richtigen Motivation!

## 3.1 Prioritätsstufe 1: Neukundengewinnung

Durchforsten Sie regelmäßig Ihren zu verantwortenden Verkaufsbezirk nach potenziellen neuen Abnehmern! Kunden können nur bei denjenigen ihr Geld lassen, welche sie kennen. Die Wahrscheinlichkeit, dass ein Neukunde Sie anruft, um mit Ihnen Geschäfte zu machen, ist leider häufig trotz oft intensiver Marketingmaßnahmen (Werbung in Form von Anzeigen oder Mailings) sehr gering. Meist haben Kunden anderes zu tun, als ihre Lieferanten zu hinterfragen und möglichen neuen Anbietern einen Termin zu geben. Vielleicht aus Bequemlichkeit, möglicherweise auch, weil sie einfach mit dem zufrieden sind, wie es jetzt ist. Das bedeutet für Sie: Sie müssen aktiv sein!

Ob Sie nun derzeitig Ihre Kunden in A, B und C oder dergleichen einteilen, oder in Großkunden, mittlere Kunden, Kleinstkunden ist ganz egal. Wichtig ist, dass Sie zumindest alle großen und mittleren potenziellen Kunden kennen – und diese Sie auch.

**Machen Sie es potenziellen Kunden leicht, zu Ihrem Angebot Ja zu sagen**
- Was sind die Gründe, weshalb Kunden bei Ihnen kaufen?
- Können Sie diese Gründe noch besser kommunizieren, sodass potenzielle Kunden es zukünftig leichter haben, sich für Sie zu entscheiden?
- Gibt es bestimmte Kundengruppen, die besser zu Ihnen passen und somit leichter zu akquirieren sind?
- Arbeiten zurzeit bestimmte Mitbewerber schlechter oder anders, sodass deren Kunden im Moment offener für Veränderungen sind?
- Welche weiteren Möglichkeiten fallen Ihnen ein, um an Adressen zu kommen? Viele Kunden sind über Verbände organisiert, die ihre Mitglieder auf der Verbandsseite im Internet veröffentlichen. Haben Sie dort schon nachgesehen?
- Haben Sie es schon einmal ausprobiert, Ihre besten Kunden nach Empfehlungen zu fragen?

- Wo trifft sich regelmäßig Ihre Zielgruppe? Können Sie dort einen Vortrag halten oder mal etwas zum Kennenlernen vorführen?
- Was liest Ihre Zielgruppe? Können Sie dort Anzeigen schalten oder nützliche redaktionelle Beiträge veröffentlichen?
- Wie leicht sind Sie eigentlich für Wunschkunden auffindbar und erreichbar? Können Sie also in sozialen Netzwerken oder über Webseiten gut erreicht werden?
- Haben Sie Kollegen, die bei der Neukundengewinnung sehr gut sind, sodass sich mit ihnen ein Austausch lohnt? Rufen Sie sie doch mal an!

In Märkten mit viel Konkurrenz ist die Neukundengewinnung typischerweise ein langwieriger und zäher Prozess. Verkäufer sind meist Menschen, die auf schnelle Erfolge aus sind. Daher lieben 90 Prozent der Verkäufer echte Neukundenakquise, auch bekannt unter dem Wort Kaltakquise, nicht. Schon der Begriff bringt ein gewisses Unwohlsein zum Ausdruck. Es geht ums Ansprechen und Überzeugen von Menschen, zu denen man noch keine Beziehung hat. Da hat fast jeder schon bei dem Gedanken an die Sache bereits einen Kloß im Hals. Dennoch kann nicht auf neue Kunden verzichtet werden.

Machen Sie sich also über einen guten Gesprächsaufhänger Gedanken, der ihren Wunschkunden verdeutlicht, dass Sie anders sind als alle anderen. Denn wenn Sie auch nur gute Produkte zu fairen Preisen bieten, dann lockt das in der heutigen Zeit kaum noch einen Kunden „hinter dem Ofen hervor". Denn das behaupten ja alle.

Es gibt nur sehr wenige Menschen im Verkauf, die sehr viel Spaß und Ausdauer bei der Neukundengewinnung an den Tag legen. Kaum ein Verkäufer wird offen zugeben, wenn er diese Aufgabe nicht mag. Ich glaube, dass mögliche Gründe für die Unlust zur regelmäßigen Kaltakquise mangelndes Selbstbewusstsein, Ängste und Bequemlichkeit sind. Wer hört auch schon gerne ein Nein? Ist es da nicht normal, Aufgaben lieber zu erledigen, bei denen Ablehnung nicht so schnell zu spüren ist?

*Viele Menschen haben bei der Partnersuche Angst, ihnen gegenüber fremde Menschen anzusprechen. Beispielsweise in der Disco: Mit den Augen findet man vielleicht die eine oder andere Person, welche einem gefällt. Aber da jetzt einfach hingehen? Was soll man denn sagen? Etwa „Hallo, bist du auch alleine hier?" Da doch lieber hoffen, dass die Person von alleine auf einen zukommt. Und wenn die „Zielperson" mit anderen Leuten gemeinsam auftaucht, dann sind die Hemmungen umso größer, weil man sich ja nicht vor einer ganzen Gruppe blamieren möchte. Irgendwann redet man sich dann womöglich sogar ein, dass das Singledasein gar nicht mal so schlecht ist, oder man sowieso niemanden findet ... Oder man tröstet sich mit den Worten „So, wie die aussieht, hat die bestimmt einen Partner. Da brauche ich gar nicht erst zu fragen."*

In Ihrem Verkaufsalltag sollten Sie deswegen berücksichtigen, dass sich eventuelle Ablehnung immer gegen Ihr Angebot richtet – niemals gegen Ihre Person. Wenn Sie also mit einem sehr guten Gesprächseinstieg beginnen, dem Kunden verdeutlichen, was er von Ihrem Angebot hat, und dieser dann Nein sagt, dann war es eben Pech. Allerdings nicht Ihr Pech, sondern das Pech Ihres Gesprächspartners. Schließlich kommt der nun durch Ihre Lösung nicht noch weiter voran. Sie aber brauchen sich nur an den nächsten potenziellen Interessenten wenden und dort erneut Ihr Glück versuchen.

Um viel Ausdauer bei der Neukundengewinnung zu haben, ist es entscheidend, dass Sie sich Ihr Angebot zuerst verkaufen. Wenn Sie selbst davon überzeugt sind, dann zieht Sie eventuelle Ablehnung nicht so schnell herunter.

Seien Sie mutig. Versuchen Sie auch Ihr Glück bei „großen" Wunschkunden, selbst dann, wenn Sie das Gefühl haben, dass dieser Kandidat zu groß für Sie ist. Denn nicht nur Sie haben eventuell dabei Hemmungen, sondern auch viele Ihrer Mitbewerber. Die meisten gehen nämlich auch viel lieber zu „kleineren" hin. Das bedeutet für Sie: Auch bei „großen" potenziellen

Abnehmern haben Sie gute Chancen. Schon alleine deswegen, weil viele bei diesen nicht einmal als möglicher Lieferant ihren Hut „in den Ring schmeißen".

> **Merke**
>
> Neukundengewinnung muss nicht Spaß machen, sondern sie muss getan werden. Häufig bereitet sie Ihnen umso mehr Freude, je öfter Sie sie regelmäßig durchführen. Denn dann haben Sie sich daran gewöhnt und weniger negative Emotionen. Regelmäßig bedeutet also nicht einmal im Monat, sondern beispielsweise in der Woche einen halben Tag am Stück oder jeden Tag einen Besuch mehr.

Falls Sie Probleme damit haben, sich für Anrufe bei potenziellen Kunden zu motivieren, dann probieren Sie doch einmal eine Art Telefonparty aus. Treffen Sie sich mit einem Leidensgenossen und telefonieren gemeinsam abwechselnd Adressen ab. Vielleicht werden Sie merken, dass diese Tätigkeit zu zweit noch mehr Spaß macht. Außerdem können Sie sich nach jedem Gespräch Tipps und Anregungen geben, sodass Sie zunehmend besser werden. Ebenfalls können Sie die ersten Gespräche zum Warmwerden an Ihrem Partner üben, statt mit echten Adressen. Es versteht sich von selbst, dass Sie sich vorab schriftlich Gedanken über eine grobe Gesprächsstruktur gemacht haben und bereits ausreichend Adressmaterial vorliegt. Denn wenn Sie beide erst einmal am Computer sitzen und Adressen suchen, Internetseiten überprüfen und dergleichen, dann vertrödeln Sie viel zu viel Zeit. Motivieren Sie sich gegenseitig und setzen sich beispielsweise ein persönliches Ziel. Vielleicht dreißig Anrufe oder fünf Termine, oder, oder, oder … Denken Sie immer daran, ein wenig Statistik zu führen. So wissen Sie genau, ob Sie genug in Ihren persönlichen Verkaufstrichter „geworfen" haben, um letztlich die Umsätze zu erwirtschaften, die Sie benötigen.

> **Merke**
>
> Nur, weil ein potenzieller Kunde nicht von Ihnen gewonnen wird, heißt das nicht, das alle anderen, die Sie noch nicht gefragt haben, ebenfalls nicht Ihre Kunden werden wollen. Geben Sie daher nicht auf, sondern überprüfen Sie Ihre Argumentation und Vorgehensweise und akquirieren einfach weiter. Es ist ganz normal, dass nicht jeder Versuch bei jedem gleich zum Erfolg führt.

Die Loyalitätsleiter hilft, die gegenwärtige Nähe beziehungsweise Bindung zum Kunden zu verdeutlichen. Ziel ist es, mit dem Kunden diese Leiter von unten nach oben gemeinsam zu gehen. Es versteht sich von selbst, dass die Geschäftsbeziehung auf jeder Stufe eine andere Vorgehensweise vom Anbieter erfordert:

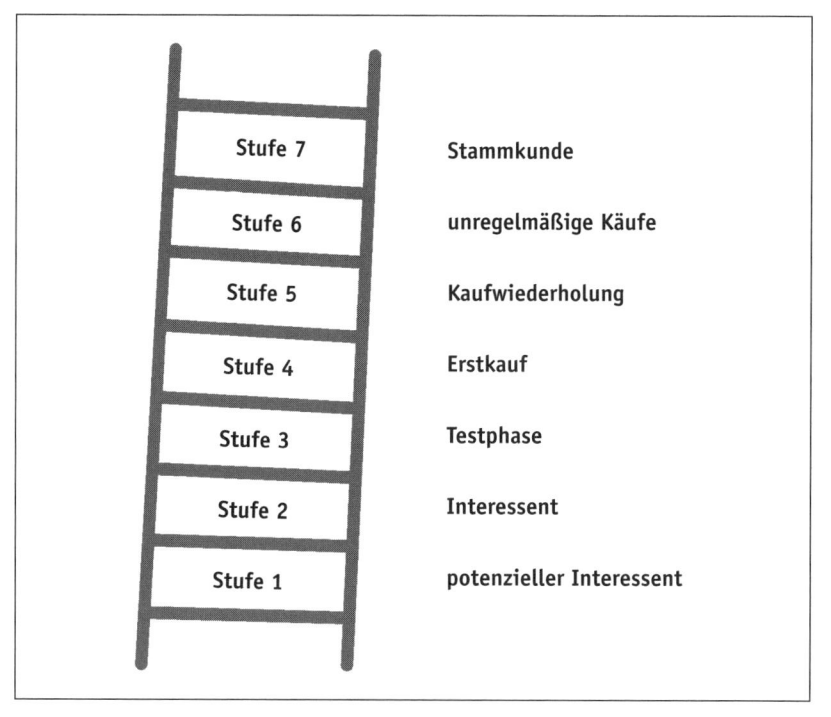

|  | |
|---|---|
| Stufe 7 | Stammkunde |
| Stufe 6 | unregelmäßige Käufe |
| Stufe 5 | Kaufwiederholung |
| Stufe 4 | Erstkauf |
| Stufe 3 | Testphase |
| Stufe 2 | Interessent |
| Stufe 1 | potenzieller Interessent |

Abbildung 6: Die Loyalitätsleiter: Dem Kunden muss geholfen werden, die einzelnen Stufen zu gehen.

Für jede Unternehmung sieht die Loyalitätsleiter anders aus. Denkbar wäre bei diesem Beispiel, das Ihnen bekannt ist, dass es eine Firma gibt, die Interesse an Ihrem Angebot haben könnte (Stufe 1). Sie rufen dort an und schicken Prospekte. Beim Nachfass-Telefonat stellt sich heraus, dass der Kunde derzeitig keinen Bedarf hat. Er ist aber grundsätzlich für Ihr Angebot offen (Stufe 2). Als Sie die Unterlagen nach sechs Monaten aus der Wiedervorlage nehmen, erinnern Sie sich an diesen Kontakt. Sie rufen an und erfahren, dass er einige Muster haben möchte (Stufe 3). Die Muster finden seine Zustimmung und der Kunde macht einen kleinen Erstauftrag (Stufe 4). Einige Zeit später bestellt er wieder, diesmal eine größere Charge (Stufe 5). Sie fahren zum Kunden, zeigen ihm die Mehrwerte auf, wenn er noch weitere Produkte aus Ihrem Sortiment nimmt, und der Kunde kauft jetzt auch andere Artikel aus Ihrem Sortiment (Stufe 6). Der Kunde ist bei Ihnen Stammkunde, wenn er regelmäßig seinen Bedarf bei Ihnen deckt (Stufe 7).

Für Sie bedeutet das, dass Sie mit angemessenen Maßnahmen, je nach Stufe, Ihre Kunden weiterentwickeln. Es bietet sich an, für die einzelnen Stufen Maßnahmen zu definieren und bewährte Verhaltensweisen zu standardisieren und zu wiederholen. Vielleicht zeichnet sich bei Ihnen ab, dass Sie durch die Bemusterung eines bestimmten Artikels schneller die Stufe 4 erreichen. Möglicherweise gibt es Maßnahmen (wie Messen, Rundschreiben, Anzeigen), die schneller Interessenten auf die Stufe 2 bringen. Analysieren Sie die Vorgehensweise von Ihnen und Ihren Kollegen, um festzustellen, welche Maßnahmen mit hoher Wahrscheinlichkeit dazu beitragen, dass die Stufen leichter bewältigt werden können.

Es ist hochinteressant zu wissen, wie viele Ressourcen insgesamt in den einzelnen Stufen investiert werden müssen, um den Kunden in die nächste Ebene zu bringen. Dem gegenüber stehen die Umsätze, welche der Kunde Ihnen beim Durchlaufen der gesamten Leiter einbringt.

## 3.2 Nieten kosten Geld – erst recht im Verkauf

In vielen Betrieben ist es so, dass eine zu besetzende Verkaufsaufgabe ausgeschrieben wird, Bewerbungen gesichtet werden, einige Gespräche folgen und letztlich der- oder diejenige die Stelle bekommt, welche sich während der zwei oder drei Gespräche am besten verkaufte. Leider bekommen sogar nicht immer die besten Bewerber den Arbeitsvertrag – sofern überhaupt die Stelle besetzt werden kann –, sondern diejenigen, die kleinere Gehaltsforderungen stellen als hoch qualifizierte beziehungsweise kompetente Bewerber. Personalverantwortliche reden sich dies gerne schön, indem sie sich verdeutlichen, dass diese Mitarbeiter wenigstens nicht viel Geld kosten. Außerdem könne man sie ja doch weiterbilden … Und wenn man nur die Lohnkosten sieht, aber nicht die eventuell verpassten Umsatzchancen aufgrund vom verkäuferischen Unvermögen, liegen diese Verantwortlichen sogar richtig. Doch sind unterm Strich Verkäufer dazu da, nicht viel Geld zu kosten oder viel Geld dem Unternehmen reinzubringen? Beides geht leider nicht. Oder wenn, nur so lange, bis der Verkäufer merkt, dass er sich eindeutig unter Wert verkauft.

Viele Verkäufer haben sich das Verkaufen selbst nahezu intuitiv beigebracht. Möglicherweise besuchten sie ein Seminar zum Thema Verkaufen. Vielleicht kauften sie sich sogar einen Verkaufsratgeber und haben darin ein wenig herumgelesen. Wenn sie Pech hatten und ein Buch kauften, welches ihnen wenig nützlich schien, wird es wahrscheinlich sogar das letzte Verkaufsbuch gewesen sein, weil viele daraufhin zu der Erkenntnis „Verkaufsbücher bringen nichts!" kommen. Und das aufgrund eines einzigen Buches!

Eventuell durften sie sogar mit erfahrenen Kollegen mitfahren und ihnen über die Schulter schauen. Aber das Unvorteilhafte ist: Wer sich nahezu eigenverantwortlich das Verkaufen selbst beibringt, womöglich auch schon recht schnell Erwartungen von der Geschäftsführung in Form von Umsätzen und Aufträgen erfüllen muss, arbeitet überwiegend einfach drauf los

– ohne zu hinterfragen, ob es möglicherweise auch besser gehen könnte. Dafür ist meist keine Zeit. Außerdem ist man doch eh schon recht froh, wenn man überhaupt irgendwie weiterkommt und erste Erfolge vorweisen kann. Wenn nach sechs oder acht Monaten alles einigermaßen läuft, gibt es schon viele Gewohnheiten – sowohl positive als auch negative. Bedauerlicherweise hängen viele Menschen an ihren Gewohnheiten wie ein Junkie an der Nadel. Sprüche wie „Entweder kann man verkaufen oder nicht!" oder „Man kann eben nicht jeden Kunden gewinnen beziehungsweise halten!" tragen ihr Übriges dazu bei, unvorteilhafte Gewohnheiten beizubehalten und sich sein eigenes Unvermögen schönzureden.

Ich möchte betonen: Ein Verkäufer kann nicht jeden Kunden halten oder gewinnen. Es gibt gewisse Dinge, bei denen ein Kunde einfach ablehnen muss. Doch häufig haben Verkäufer beziehungsweise deren Arbeitgeber als Ganzes das Wechseln oder die Ablehnung des Kunden provoziert. Vielleicht, weil Stammkunden es nicht für gut heißen können, wenn Neukunden bessere Konditionen bekommen, wie es uns Banken bei den Guthabenzinsen derzeitig vor Augen führen. Eventuell, weil falsche Einsparmaßnahmen zu Qualitätseinbußen führten, die der Kunde bemerkte. Möglicherweise, weil der Kunde sich vom Verkäufer schlecht betreut fühlte.

Nicht unerwähnt bleiben sollte hier, dass natürlich auch nicht jeder Verkäufer sich alle Kunden „antun" muss und darf. Es muss einfach für beide Seiten passen.

Erfreulicherweise gibt es auch einige Firmen, die sich dieser Problematik bewusst sind und ihre neuen Mitarbeiter mit Verkaufsverantwortung nicht ins kalte Wasser schmeißen. Hier gibt es intensive Produktschulungen für die neuen Verkäufer: Es werden allgemeine Verhaltensweisen für den Verkaufsalltag eingeübt. Regelmäßigen Trainings mit individuellen Lernzielen und Feedback-Gesprächen sind üblich. Selbstverständlich nicht nur die ersten sechs oder acht Wochen, sondern über die gesamte Beschäftigungsdauer hinweg.

Im Allgemeinen ist es aber eher so: Häufig haben Verkäufer eine kaufmännische oder handwerkliche Ausbildung und „landen irgendwie" im Verkauf. Wenn man also fünf oder zehn Jahre Verkaufsverantwortung vorzuweisen hat, ist diese nur in den seltensten Fällen auf solide Aus- und Weiterbildungen aufgebaut.

Es gibt immer Menschen, die einfach nicht genügend Voraussetzungen mitbringen, um einen guten Job als Verkäufer machen zu können. Leider wird dies aber nicht immer bei der Personalauswahl rechtzeitig erkannt. Die Folge: Es werden zu viele Menschen mit Verkaufsverantwortung betraut, die unterm Strich eher Schaden anrichten, statt Mehrwerte generieren. Wenn Mitarbeiter von der Denkstruktur in das Misslingen, statt in das Gelingen verliebt sind, den Fehler bei allen suchen, nur nicht bei sich selbst oder mit Stress, Ablehnung und Druck nicht zurechtkommen, sind diese für anspruchsvolle Verkaufsaufgaben nicht geeignet. In der Konsequenz bedeutet das: Schwache Mitarbeiter arbeiten nicht für ihren Arbeitgeber, sondern für ihren Mitbewerber. Denn Kunden kaufen immer – aber in der Regel nicht von permanent „schwachen" Verkäufern.

Das Gewinnen der richtigen Verkäufer für Ihr Unternehmen ist eine sehr anspruchsvolle Tätigkeit. Denn nicht jeder Verkäufertyp passt zu Ihrer Branche oder gar zu Ihrer Unternehmenskultur. Auch geben sich viele Menschen gerne als Verkäufer aus, obwohl sie vielmehr Berater sind. Gerade sehr verkaufsgetriebene Unternehmen können mit Mitarbeitern, die letztlich den Kunden mit seiner Verkaufsentscheidung alleine lassen, nicht gebrauchen. Es kommt auf die Tätigkeit an, welche der Mitarbeiter zu erfüllen hat. Für eine gute Bestandskundenpflege sind ganz andere Kompetenzen und Einstellungen gefragt als für die Neukundengewinnung. In der Regel erwarten viele Arbeitgeber, dass der Verkäufer beides kann. Doch gerade hier zeigt die Praxis, dass dies meist ein Wunsch bleibt. Denn die meisten Verkäufer beschäftigen sich lieber mit ihren Stammkunden, als neue Kunden zu gewinnen. Dafür gibt es zwei Hauptgründe: Zum einen haben viele Verkäufer Angst. Sie fürchten die Ablehnung, haben Angst, gewohnte

Pfade zu verlassen oder verfügen über nicht genügend Ideen und Ausdauer, wie denn nun neue Kunden gewonnen werden können. Dahingegen ist die Betreuung von bestehenden Kunden doch viel komfortabler: Man weiß, woran man ist und muss sich somit nichts Neuem stellen. Der andere Grund ist der, dass sich zu viele Verkäufer – vielleicht auch aufgrund ihrer Ängste – den Alltag mit Aufgaben so vollstopfen, dass sie gar keine Zeit für die Neukundengewinnung haben. Auch ist in manchen Unternehmen das Gehaltsgefüge so konzipiert, dass jeden Tag ein Mindestumsatz kommen muss, damit die Zahlen und somit das Einkommen stimmen. Hier tun sich viele schwer, beispielsweise jeden Tag eine Stunde für neue Chancen abzuzweigen. Dass aber kein Kunde sicher ist und gerade die besten Kunden die Wunschkunden der Mitbewerber sind, wird gerne verdrängt. Solange die Monats-, Quartals- und Jahresziele mit den bestehenden Kunden erreicht werden können, werden sich viele Verkäufer nicht zu einer konsequenten Neukundengewinnung überwinden.

Bei der Auswahl Ihrer Mitarbeiter können Sie sich somit nicht nur auf Zeugnisse und Zertifikate verlassen. Natürlich lernen Sie mit jedem weiteren persönlichen Gespräch den Bewerber besser kennen. Aber Sie erfahren dadurch nicht, wie er später tatsächlich denkt, handelt und arbeitet. Schließlich verkaufen Sie sich als Arbeitgeber wahrscheinlich auch ein bisschen besser, als Sie tatsächlich sind. Das wird der Bewerber zu Recht ebenfalls tun. Das bedeutet in der Konsequenz: Nur durch reine Gespräche unter vier Augen werden Sie weniger in den Kopf Ihrer Kandidaten schauen können, als möglich ist. Schlussendlich ist die Gefahr also groß, nur anhand von Zeugnissen, Zertifikaten und zwei oder drei Gesprächen den falschen Verkäufer einzustellen. Selbstverständlich können Sie mit Seminaren, Mitfahrten und dergleichen dazu erheblich beitragen, dass der Mitarbeiter sein Potenzial voll ausschöpft. Doch wenn das Potenzial nur gering ist, die intrinsische Motivation zur Umsetzung von Wissen gegen null tendiert und die Denkhaltung „Nach mir die Sintflut!" vorherrscht, werden Sie diesem Mitarbeiter diese Einstellungen nur schwer austreiben können. Schauen Sie sich am besten Mal Ihre Verkaufsmannschaft an: Sind wirklich alle für Ihr Unternehmen und auch für Ihre Kunden eine Bereicherung? Was passiert, wenn Sie noch weitere „Underperformer" einstellen?

Wie ist es denn tatsächlich um Einsatzfreude, Einfühlungsvermögen, Überzeugungskraft oder verkaufsrelevante Fertigkeiten wie Verhandlungs- oder Abschlusstechnik des Bewerbers bestellt? Nur aufgrund von Zeugnissen, Referenzen und ein oder zwei Gesprächen werden Sie das nicht fundiert in Erfahrung bringen können.

> **Merke**
>
> Häufig bemerken Arbeitgeber bei Vorstellungsgesprächen gewisse Schwächen bei den Bewerbern. Diese werden aber dennoch eingestellt, weil die Arbeitgeber hoffen, dass sich der Mitarbeiter noch verändern wird. Dies ist aber in der Regel nicht der Fall.

Mithilfe von Assessment-Centern, einem Verfahren zur Bewertung von Mitarbeitern, haben Sie die Möglichkeit, leichter bessere Mitarbeiter aus dem Bewerberpool zu fischen. Im Groben läuft ein solches Auswahlverfahren wie folgt ab:

Die Bewerber absolvieren gemeinsam, manchmal auch alleine, klar definierte Übungen vor einigen Beobachtern. Die Übungen simulieren Praxissituationen. Die Beobachter bestehen beispielsweise aus dem Verkaufsleiter und einem Verkäufer, jemandem aus der Personalabteilung und/oder dem Betriebsrat und einem externen Mitarbeiter.

Um zu überprüfen, wie es tatsächlich um deren Verkaufsfertigkeiten bestellt ist, bietet sich ein simuliertes Kundengespräch an. Eine bestimmte Situation wird beschrieben. Der Bewerber hat als Verkäufer die Aufgabe, einem Kunden, gespielt von einem Rollenspieler, etwas zu verkaufen, diesen zu beraten oder im Rahmen einer Reklamation wertschätzend wieder „runterzuholen".

Damit Sie erfahren, wie die Bewerber ihre Meinung durchsetzen, wie sie mit Angriffen umgehen oder auch Rahmenbedingungen (Zeit und Übungsziel) einhalten, bieten sich Gruppendiskussionen an. In dieser sollen die Bewerber beispielsweise gemeinsam zehn unterschiedliche Aussagen nach Richtigkeit oder Wichtigkeit priorisieren.

Das Organisationsgeschick als auch die Entscheidungsfreude wird mithilfe von „Postkorbübungen" veranschaulicht. Die Bewerber erledigen dazu auf dem Papier bestimmte Aufgaben mit anspruchsvollen Rahmenbedingungen. Es sind also mehrere Aufgaben zu erledigen, bei denen es immer wieder zu kleinen Zwischenfällen unter Zeitdruck kommt. Dazu werden den Bewerbern meist mehrere Umschläge gegeben, in denen die Aufgaben stehen und wie sie letztlich zu organisieren sind. Häufig haben diese Aufgaben Auswirkungen auf das Gesamtergebnis oder auf andere Teilaufgaben, sodass umzudisponieren ist.

Das Präsentieren einer Lösung, egal ob das von der Postkorbübung oder einer separaten Übung, zeigt Ihnen, wie der Bewerber vor Gruppen auftritt: Körpersprache, Sprechausdruck und Struktur.

Zum Schluss werten Sie die Beurteilungsbögen aus. Anhand von vergebenen Punkten treffen Sie dann leichter eine gute Personalentscheidung.

Um Übungen für ein Assessment-Center so zu gestalten, dass sie etwas bringen, ist vorab viel Arbeit erforderlich.

**Planen Sie ein Assessment-Center nach Ihren individuellen Erfordernissen**
- Definieren Sie zuerst den Anforderungskatalog: Welche Fertigkeiten und Kompetenzen sollen oder müssen die Bewerber mitbringen?
- Nach welchen Kriterien wollen Sie was beobachten und auswerten? Dazu werden vorab genaue Checklisten erstellt, nach denen die Eignungsprüfer beobachten und bewerten.

Wenn Sie beispielsweise „strukturiertes Arbeiten" analyieren wollen, wären folgende Beobachtungspunkte denkbar:
- Zielgenauigkeit
- Unterscheidung Wichtiges und Unwichtiges
- Zügigkeit
- Zerteilung der Gesamtaufgabe in logische Teilaufgaben
- Mithilfe welcher Übungen können Sie herausfinden, ob der Bewerber diese Anforderungen erfüllt?

Wichtig ist, dass alle Übungen möglichst nah an die Realität herankommen, in der die Bewerber später in Ihrer Unternehmung arbeiten werden. Denn was nützt es, eine Postkorbübung durchzuführen, die mit der späteren Arbeit gar nichts zu tun hat? Sie wollen schließlich passende Bewerber finden – und die finden Sie nur, wenn die Übungen möglichst praxisnah sind. Gerade weil dies mit einem höheren Aufwand verbunden ist, greifen viele Unternehmen lieber zu Assessment-Centern von der Stange. Die Konsequenz: Die Wahrscheinlichkeit, immer noch zu viele falsche Bewerber einzustellen, ist niedriger als nur aufgrund von Gesprächen und Zeugnissen. Sie könnten aber mit Assessment-Centern, welche noch mehr an Ihre Unternehmensrealität angepasst sind, noch niedriger sein.

Ebenfalls ist die Aufgabe für die Beobachtergruppe anspruchsvoll. Sie können dort leider nicht einfach Ihre Kollegen hinsetzen und denen die Beobachtungsbögen verteilen. Denn auch das möglichst objektive und richtige Beurteilen und Bewerten will gelernt sein. Daher benötigen diese vorab eine Schulung. Schlimmstenfalls haben sonst die Beobachtungsbögen eine zu geringe Aussagekraft. Beobachter dürfen sich beispielsweise nicht zwischendurch mit den anderen Beobachtern über einzelne Kandidaten austauschen, da dies die Wahrnehmung der Beobachter beeinflussen kann. Ebenfalls müssen auch Extremwerte vergeben werden, denn andernfalls haben am Schluss womöglich alle Bewerber nahezu die gleiche Punkthöhe. Die größte Falle ist, dass häufig viel zu schnell Punkte oder Zensuren vergeben werden. Doch Beobachter sollten zuerst beobachten, dann beschreiben und abschließend bewerten. Wenn zu früh bewertet wird, ist die Gefahr groß, dass nicht alle Beobachtungspunkte gleichmäßig berücksichtigt werden.

Weil Sie mit Assessment-Centern die strategischen und sozialen Kompetenzen besser beurteilen können, ist ihr Einsatz nicht nur für die Auswahl der richtigen Bewerber geeignet. Auch können Sie Potenziale der bestehenden Mitarbeiter für Führungsaufgaben aufdecken. Ebenfalls zur Ermittlung des Aus- und Weiterbildungsbedarfes.

Bei bestehenden Mitarbeitern muss vorab überlegt werden, wie das Durchfallen beim Assessment-Center dem Kollegen so verkauft werden kann, dass dieser nicht demotiviert ist und womöglich kündigt. Gerade weil sich hier viele Verantwortliche zu wenige Gedanken machen, hat das Assessment-Center für viele einen schlechten Ruf. Wegen des in Deutschland geltenden Allgemeinem Gleichbehandlungsgesetzes (AGG, umgangssprachlich Antidiskriminierungsgesetz genannt) halten sich viele Unternehmen zurück, abgesagten externen Bewerbern konkrete Details zu den Beobachtungen und Bewertungen zu geben.

Falls Sie nun meinen, dass solche Assessment-Center nur etwas für große Unternehmen sind, bedenken Sie bitte Folgendes: Welche Kosten verursachen Ihnen monatlich, jährlich und über die gesamte Beschäftigungsdauer hinweg Verkäufer, die alles Mögliche gerne machen, aber nicht ihre Aufgabe angemessen mit Leben füllen? Was meinen Sie, wie hoch ist der finanzielle Schaden, den Ihnen die „schwächsten" Verkäufer Ihrer Unternehmung in den letzten zehn Jahren gebracht haben? Warum sollten Sie zukünftig weniger Fehlgriffe bei der Personalauswahl tätigen, wenn Sie nach den gleichen Kriterien entscheiden wie bisher?

## 3.3 Alle ziehen an einem Strang, doch in welche Richtung(en)?

Vielleicht haben Sie schon einmal die Sendung „Undercover Boss" auf RTL gesehen. Hier sind Geschäftsführer inkognito in ihrem Unternehmen oder bei ihren Franchisenehmern unterwegs, um einfach zu erfahren, was denn vor Ort eigentlich wirklich los ist. Sie arbeiten also beispielsweise in der Backstube mit, wechseln Autoreifen bei einem Reifendienstleister oder sprechen Passanten an, ob diese vielleicht einmal ein Probetraining im Fitnessstudio machen wollen oder zukünftig Tiefkühlkost nach Hause gebracht bekommen möchten. Nachdem sie an fünf Tagen unterschiedliche Stationen und Situationen erlebt haben, kehren sie wieder zurück in die Zentrale, um die ein oder andere Erkenntnis umzusetzen. Denn ein typisches Problem vieler Unternehmen ist, dass das, was an der Basis gedacht, empfunden oder gebraucht wird, nicht bei den Entscheidern ankommt.

Woran mag das liegen? An sich sollte doch jeder Mitarbeiter – egal ob nun ganz unten oder ganz oben – stark daran interessiert sein, dass es weiter nach vorne geht. Doch die Realität scheint manchmal anders zu sein:

*Die Stimmung ist schlecht. Teamkonferenz. Zwölf Verkäufer sitzen mit ihrer Führungskraft im Tagungshotel. In diesem Moment sitzen woanders die anderen siebzehn Verkaufsteams – auf ganz Deutschland verteilt. Sie wissen gar nicht mehr vor lauter Arbeit, wo sie anfangen sollen: Gleichzeitig gibt es eine Vielzahl von Innovationen und Aktionen, die einzuführen sind. Auch einige Seminare sollen noch an Kunden verkauft werden. Das neue Softwareprogramm, mit denen die Aufträge abends von den Verkäufern erfasst werden, funktioniert nicht. Bei manchen Kunden ist die Lieferung schon seit über einer Woche fällig. Die Mitbewerber haben keine Lieferprobleme. Sie gehen jetzt sogar offensiv die Kunden mit den Worten „Wenn Sie die Ware übermorgen haben wollen, dann sollten Sie bei uns bestellen!" an.*

*Die Verkäufer fühlen sich in die Ecke gedrängt. Auf der einen Seite sollen sie hohe Erwartungen von der Geschäftsleitung erfüllen, denn die von der Zentrale ausgedachten Aktionen sollen verkauft werden – und das nicht zu knapp. Kollegen, die unterdurchschnittlich verkaufen, werden in den wöchentlichen Rankings nicht nur rot markiert, sondern müssen sich auch – häufig sehr indirekt – der Frage nach Arbeitsverweigerung stellen. Kunden werden nervös wegen der Liefersituation. Denn das Telefon bei den Verkäufern klingelt Sturm. „Wo ist meine Ware?" oder „Können Sie mir zwischendurch mit etwas Ware aushelfen?"*

*Viele Verkäufer arbeiten immer mehr, scheinen aber immer weniger „Schmerzensgeld" zu bekommen. Denn statt Geldprämien werden immer mehr Punkte sowie Ruhm und Ehre in Aussicht gestellt. Doch was soll man mit Punkten, wenn die Arbeit nur noch Stress pur ist?*

*Die Führungskraft spürt, dass es so nicht weitergehen kann. Diese Entwicklung zeichnete sich stetig mehr ab. Bisher hat sie geschwiegen, aber ist sie nicht auch dafür verantwortlich, dass ihr Team das Ziel erreicht? Wer sonst, wenn nicht die Führungskraft, muss die Meinungen und Emotionen zur Zentrale tragen? Wer soll denn sonst auch helfen, wenn nicht die Zentrale? Natürlich nicht kurzfristig, dennoch darf so etwas nicht wieder vorkommen. Vielleicht käme auch ein Brief von der Zentrale gut an, in welchem steht, dass alle Bescheid wissen über diese Problematik. Schließlich setzt Hoffnung häufig viel Energie frei.*

*Bisher war das Tagungsprotokoll über Jahre hinweg sehr sachlich gehalten. Wenn es Probleme gab, wurden diese höchst diplomatisch formuliert – wenn überhaupt. Doch die Führungskraft fasst sich ein Herz und schreibt in den Bericht, der wie sonst auch immer an mehrere Stellen gleichzeitig per E-Mail an die Zentrale geleitet wird, was vor Ort los ist. Nicht polemisch, nicht spitz, sondern möglichst sachlich. Die Teilnehmer sind erleichtert und hoffen auf Besserung.*

*Doch dieses Tagungsprotokoll hätte er lieber von seinem Homeoffice nach der frustrierenden Tagung nicht senden sollen.*

*Wenige Minuten, nachdem er es versandt hatte, klingelte bei ihm das Telefon. Es gibt Momente, da brüllt nur einer. Hier war es der Chef aus der Zentrale. Der regionale Verkaufsleiter musste sich die Frage gefallen lassen, warum er so unfähig ist, die Interessen der Geschäftsleitung bei seinem Team zu vertreten. Wie kann es sein, dass er seine Mannschaft nicht so im Griff hat, dass diese das tun, für was sie bezahlt werden: arbeiten. Was maßen sich eigentlich die Verkäufer an, auf einem so hohen Niveau zu jammern? Was denke er sich eigentlich, sich von seinem Team derartig einspannen zu lassen? Was denke er sich eigentlich dabei, in die Hand zu beißen, die ihn füttert?*

Dieses Beispiel, welches auf wahrer Begebenheit beruht, soll stellvertretend dafür stehen, wovor viele Menschen Angst haben: vor Nachteilen in Form von Karriereeinbrüchen, Mobbing, Bossing oder der Sorge, von anderen als Idiot dargestellt zu werden. Denn so ist es doch: Viele trauen sich nicht gegenüber Ranghöheren ihre wahrgenommenen Probleme zu äußern, weil sie fürchten, dass ihnen Sprüche wie „Na, das lassen Sie mal meine Sorge sein!", „Ihnen steht es nicht zu, so etwas zu sagen!" oder „Kümmern Sie sich erst einmal um Ihre Aufgaben!" entgegenhallen könnten.

Andere Führungskräfte halten sich für schlauer. Sie fordern ihre Mitarbeiter sogar auf, Vorschläge schriftlich einzureichen. Doch auf eine Antwort – und selbst wenn es nur ein Dank für diese Idee ist, die leider nicht umgesetzt werden kann – warten heute immer noch viele.

Gerne wird die Verkaufsabteilung von vielen als wichtigste Abteilung der Unternehmung hervorgehoben. Das Argument: Wenn die hergestellten Produkte beziehungsweise das Angebot keine Käufer findet, dann braucht auch nichts produziert zu werden. Diese Argumentation klingt schlüssig, denn letztlich kommen ja die notwendigen finanziellen Mittel zur Aufrechterhaltung der Unternehmung von den zahlenden Kunden. Die unternehmerische Schnittstelle zu ihnen bildet typischerweise die Verkaufsabteilung. Nicht umsonst wird der Vertrieb als Brücke zum Kunden bezeichnet. Auch ist jedem klar: Ein Unternehmen, das nicht genügend Liquidität und Gewinne über seine Kundschaft generiert, wird über kurz oder lang vom Markt gehen müssen.

Letztlich tragen aber alle Abteilungen eine Verantwortung für die Unternehmenszukunft. Der Einkauf genauso wie die Produktion, die Buchhaltung, das Personalbüro oder die Verkaufsabteilung. Denn wenn es hier irgendwo „klemmt", dann hat dies schnell Auswirkungen auf die anderen Abteilungen.

Auch braucht sich da niemand etwas vorzumachen: Manche Unternehmen haben eine so gute Marketingstrategie oder Produktentwicklung, dass ein Kunde selbst von einem schlechten Verkäufer nicht vom Kauf abgehalten werden kann.

Wahrscheinlich wird dem Verkauf auch häufig deswegen ein etwas höherer Stellenwert beigemessen, weil dieser letztlich im Gespräch mit dem Kunden eventuelle betriebsinterne Probleme erklären muss. So hat beispielsweise der Außendienst den Kunden bei Laune zu halten, wenn dieser aufgrund einer internen Softwareumstellung für mehrere Wochen (wenn nicht sogar Monate) nicht mehr pünktlich seine Ware bekommt. Auch hat es gewöhnlich der Verkauf auszubaden, wenn die Produktentwicklung für sich alleine ein „tolles Produkt" fern von Kundenbedürfnissen, aber vielleicht nah an den aktuellen technischen und wissenschaftlichen Möglichkeiten entwickelte. Denn häufig wird generell dem Verkauf die Schuld an schlechten Verkaufszahlen gegeben, nicht den möglichen internen Verursachern. Dass dies Problem durch eine bessere Kommunikation zwischen Verkauf und Marketing beziehungsweise Verkauf und Geschäftsleitung beseitigt werden könnte, scheint allen klar zu sein. Dennoch gelingt es den wenigsten Unternehmen, diese Differenzen systematisch zu verringern oder gar zu vermeiden.

**Es gibt viele Erklärungen und Vorurteile für Konflikte zwischen Außen- und Innendienst**
- Verkäufer sind von der Ausbildung her gewöhnlich nicht so qualifiziert wie deren Kollegen aus der Marketingabteilung. Dadurch gibt es häufig verschiedene Wahrnehmungen.
- Ein Verkäufer verfügt meist über eine klassische Ausbildung und viel Praxiserfahrung. Aufgrund ihres Studiums verfügen viele Kollegen aus dem Marketing weniger über praktische, sondern eher über theoretisches Wissen.
- Vom Verkäufer werden Kontaktstärke, Abschlusssicherheit und Verhandlungsstärke erwartet, während von Mitarbeitern im Marketing eher analytische und konzeptionelle Fertigkeiten verlangt werden.
- Manche Verkäufer setzen sich mehr für die Interessen ihrer Kunden als für die ihres Arbeitgebers ein. Häufig deshalb, weil sie aufgrund ihres Leistungslohnes abhängiger von Kunden sind als ihre Innendienstkollegen mit einem Festgehalt. Vielleicht aber auch, weil einige konfliktscheu sind und „schwierige" Gespräche mit ihren Kunden vermeiden wollen.
- Die Informationen bezieht der Außendienst direkt von „seinen" Kunden, während andere diese aufgrund von Berichten, Marktforschungen und durch Analysen gewinnen.
- Für zahlreiche Verkäufer ist es normal, teilweise Jahrzehnte im gleichen Bezirk zu bleiben. Im Bereich Marketing ist eine solch lange Bindung an die gleiche Aufgabe eher untypisch. Meistens wechseln sie sogar häufiger ihren Arbeitgeber. Somit verfügen viele Verkäufer über eine längere Betriebszugehörigkeit als Kollegen vom Marketing.
- Viele junge Menschen möchten lieber im Bereich Marketing, Controlling oder Geschäftsführung tätig sein als im Außendienst. Daher gibt es einige Unternehmen, bei denen der Altersdurchschnitt im Innendienst deutlich niedriger ist als im Außendienst.
- Während man im Innendienst die unmittelbaren Kollegen leicht trifft – wenn auch vielleicht nur in der Mittagspause –, sind Verkäufer im Außendienst eher Einzelkämpfer und haben dadurch häufig weniger

Verbündete im eigenen Unternehmen. Andere Kollegen werden häufig nur bei Tagungen und Konferenzen gesehen. Gewöhnlich bleibt aber jede Abteilung eher unter sich.

Vermutlich würden manche Dinge in einem Unternehmen gar nicht geschehen, wenn alle Beteiligten mehr an einem Strang ziehen. Vielleicht will man solche Unterschiede auch nur ausblenden oder man hat sie einfach akzeptiert. Aber in den meisten Unternehmen sind leider Slogans wie „Der Kunde ist König!", „Der Kunde ist der Boss!" oder „Der Kunde steht im Mittelpunkt!" nur hohle Phrasen. Spätestens, wenn es zu entscheiden gilt, ob Kosten oder Kunden das Sagen haben, fällt der Ausschlag meist zum Ersteren.

In vielen Unternehmen scheint der Kunde in jeder Abteilung irgendwie anders verstanden zu werden. So ist mir beispielsweise die Situation bekannt, in der eine Produktmanagerin mit vollem Stolz eine Produktentwicklung dem Außendienst präsentierte. Diese Lösung stieß allerdings beim Außendienst auf große Skepsis (und wurde vermutlich alleine wegen dieser Denkhaltung schon zum Flop). Aber keiner der Verkäufer wollte ihr sagen, dass sie nicht an das Produkt glauben, weil keiner sie verletzen wollte. Aber wie kann es auch sein, dass der Außendienst als Schnittstelle zum Kunden während der Produktentwicklung nicht zurate gezogen wird, sondern erst mit dem endgültigen Ergebnis, das er nun (gefälligst?) zu verkaufen hat?

Doch, was ist zu tun? Es wäre schon viel gekonnt, wenn es abteilungsübergreifende Zielsetzungen, mehr gemeinsame Tagungen und Meetings sowie eine offene (also ehrliche!) Informationspolitik gäbe. Ebenso würde es enorm helfen, wenn der Verkaufsprozess für alle Mitarbeiter besser und leichter zu erkennen wäre und es weniger Hierarchien und Tabus gäbe.

## 3.4 Wenn Mitarbeiterwettbewerbe floppen

*Als ich einer Freundin im November erzählte, dass ich schon mein Jahresziel eingefahren habe, fragte diese mich, ob ich denn nun Urlaub habe. Ich schaute sie irritiert an und sagte: „Nein, ich mache jetzt weiter fürs Team!" Sie fing an zu lachen und sagte: „Fürs Team!!!???" Ich erklärte ihr, dass wir noch ein paar Kunden brauchen, um auf Platz 3 beim Teamwettbewerb zu landen. Also arbeite ich weiter, mache da noch Aufträge, wo Ware gebraucht wird (möglichst nicht zu viel, da ja im Januar die Zählwerke wieder auf null gestellt werden) und versuche noch die Dinge zu verkaufen, auf die das Team noch die notwendigen Punkte bekommt. Leider haben wir das Teamziel knapp verfehlt, also gab es keine extra Prämie. Aber einen Versuch war es wert ...*

Mitarbeiterwettbewerbe werden von manchen Verkäufern gehasst, von einigen geliebt. Irgendwie scheinen sie fast zu jeder größeren Außendienstorganisation dazuzugehören. So manch ein Verkäufer sagt sarkastisch „Punkte machen mich nicht satt!" Und damit bringt er etwas auf den Punkt, was viele Teams, die einen Mitarbeiterwettbewerb gewinnen wollen, entzweit. Denn ein Verkäufer, der schon seit vielen Monaten – wenn nicht sogar Jahren – eher zu den „schwächeren" Verkäufern gehört, hat in der Regel ganz andere Probleme, als sich jetzt auch noch um Punkte zu bemühen. Dennoch finden es viele Verkäufer toll, wenn sie zu den Jahresbesten gehören und beispielsweise mit einer Reise belohnt werden.

**Probleme vieler Wettbewerbe sind hausgemacht**
- Die Ziele sind nicht eindeutig.
- Die Ziele sind auch bei hohem Einsatz nicht erreichbar.
- Es gibt nur Jahresziele, aber keine Etappenziele.
- Die Rahmenbedingungen (Zeitraum, Rechenweg usw.) sind nicht allen bekannt.
- Nicht jeder hat eine Chance, diesen Wettbewerb mit seinen Voraussetzungen zu gewinnen.

- Der aktuelle Stand, wer wo bei dem Wettbewerb steht, ist nicht transparent.
- Für die in Aussicht gestellte Prämie lohnt sich der Aufwand nicht.
- Der Wettbewerb kostet unterm Strich nur Geld – bringt aber keine Entwicklung.

Viele Verkäufer sind resigniert, weil sie das Gefühl haben, dass es immer wieder die gleichen Gewinner bei den Wettbewerben geben wird – und sie wieder nicht dabei sein können. Nicht, weil sie nicht wollen, sondern weil sie teilweise einfach erkennen müssen, dass ihre Ausgangsvoraussetzungen nicht so gut sind.

Ein Beispiel verdeutlicht das: Verkäufer „Spitze" hat hundert Kunden in seinem Bezirk, die mit ihm einen Jahresumsatz von 1.000.000 Euro machen. Verkäufer „Naja" nur vierzig. Auch machen diese insgesamt „nur" 300.000 Euro Umsatz. Ein neuer Monat beginnt und der Wettbewerb lautet „Für jeden Kunden, der die Innovation „Musst-du-haben" kauft, gibt es einen Punkt". Wer wird bei einer solchen Wettbewerbsausschreibung wohl seinen Vorsprung zu seinem Kollegen deutlich ausbauen können? Es ist wohl klar, dass der Verkäufer „Spitze" hier ein recht leichtes Spiel haben wird. Allerdings haben Mitarbeiterwettbewerbe die Aufgabe, allen(!) Mitarbeitern die Chance zu geben, diese zu gewinnen.

Es wäre fairer, wenn der Verkäufer „Spitze" und sein Kollege „Naja" unterschiedliche Ziele bekommen hätten. Beispielsweise wäre folgende Ausschreibung denkbar: „Wer 80 Prozent seiner kaufenden Kunden mit dem Produkt „Musst-du-haben" bevorratet, erhält hundert Punkte. Für jeden weiteren Kunden darüber hinaus gibt es einen extra Punkt. Für Neukunden, die vorher also noch keinen Umsatz gemacht haben und jetzt „Musst-du-haben" kaufen, gibt es fünf Punkte."

> **Praxistipp**
>
> Wenn nun noch regelmäßig per Mail die Zielzahlen und die aktuellen Ist-Werte kommuniziert werden, haben auch alle Verkäufer genügend Transparenz.

Nicht alles, was man gut meint, kommt auch gut an. Da letztlich die Verkäufer für die Wettbewerbsprämie aktiv werden sollen, müssen sie natürlich auch Gefallen an der in Aussicht gestellten Belohnung finden. Prämien wie „Ein Stern wird auf den Namen des Gewinners getauft" locken nicht viele Verkäufer hinter dem Ofen hervor. So gibt es Reisen, Sachprämien, Gutscheine oder auch Wünsch-dir-was-Prämien. Sinnvoll ist es hier, wenn die Verkaufsleitung einfach mal die Mitarbeiter fragt. Das muss keine große schriftliche Umfrage sein aber so manch ein Pausengespräch zwischen Führungskraft und Mitarbeiter hat schon den einen oder anderen Chef auf eine gute Idee gebracht.

Egal ob es um Wettbewerbsmodelle oder Leistungslöhne geht. Der Arbeitgeber darf sich niemals zurücklehnen mit der Denkhaltung „Nun habe ich hier ja etwas in Aussicht gestellt, nun sollen die mal schön loslegen." Ein guter Arbeitgeber unterstützt seine Mitarbeiter dabei, wie sie ihre Ziele erreichen – egal ob mit Workshops oder Seminaren. Darum greift ein Arbeitgeber, der echtes Interesse an der Zielerreichung hat, auch notfalls zwischendurch ein, um zu unterstützen oder zu korrigieren. Wer sich aber nur die Endabrechnung anschaut, um sich dann gegebenenfalls über mangelnden Einsatz zu beschweren, macht etwas falsch.

> **Praxistipp**
>
> Wenn Sie Wettbewerbe gewinnen wollen, dann erarbeiten Sie sich konkret eine Strategie, wie Sie diese gewinnen können. Häufig steigen schon alleine deswegen dramatisch Ihre Chancen. Viele „normale" Verkäufer planen solche Erfolge kaum und überlassen somit ihre Platzierung viel zu sehr dem Zufall. Das sollten Sie hemmungslos ausnutzen.

## 3.5 Wenn nicht im Verkauf – wo dann: Leistungslohn

Natürlich kann man mit Geld nicht alles wiedergutmachen. Selbstverständlich sind nicht alle Menschen besessen von dem Gedanken, möglichst reich zu sterben. Und klar: Was ist das ganze Geld wert, wenn man große Probleme hat oder schwer krank ist? Allerdings andersherum ist es auch nicht schön: Was nützt es, wenn man gesund ist, aber man weiß nicht, wie man den leeren Kühlschrank wieder voller bekommt – geschweige denn die nächste Miete zahlen soll?

Gerade der Verkauf zeigt ganz deutlich auf, wer gute Leistung bringt – und wer nicht. Letztlich bestimmen die Verkaufszahlen die Unternehmenszukunft: Ein Unternehmen, das gute Umsätze einfährt, hat ganz andere Möglichkeiten, als jenes, das kaum Umsätze geschweige denn Gewinne einfährt. Ist es denn nicht naheliegend, gerade die Mitarbeiter zu belohnen, welche zum Unternehmenserfolg entscheidend beitragen? Davon wären natürlich nicht nur die Verkäufer, sondern auch viele ihrer Kollegen im Innendienst betroffen.

Häufig wird diskutiert, wie hoch der generelle Leistungslohnanteil eines Verkäufers sein sollte. Nach meiner Meinung können der Leistungslohnanteil eines Verkäufers aus Quartals- und Jahreszielprämien sowie Umsatz- und Deckungsbeitragsprovisionen gar nicht hoch genug sein, sofern der einzelne Mitarbeiter auch wirklich die Möglichkeit hat, mittelfristig gutes Geld zu verdienen. Auch dürfen solche Anreizsysteme nicht so ausgelegt sein, dass sie den Verkäufer dazu verführen, Kunden etwas zu verkaufen, was für diese gar nicht sinnvoll ist. Ideal ist es, wenn der Verkäufer einen festen Bezirk hat und er zwangsläufig immer wieder zu all seinen Abnehmern und Interessenten fahren muss. Kaufen die gleichen Kunden immer wieder, scheint er ja nicht allzu viel falsch zu machen. Wenn Kunden aber nur einmal kaufen, aber nie wieder, stimmt da etwas nicht. Deswegen könnte man auch durchaus sagen: Verkaufen ist einer der ehrlichsten Berufe. Sollte der Verkäufer nämlich seiner Provision einen höheren Stellenwert beimessen als seinen Kunden, zeigen seine Bezirkszahlen dies zwangsläufig auf. Denn zuletzt lacht immer der Kunde – und wechselt gegebenenfalls seinen Lieferanten.

Nun ist es aber so, dass Verkaufen auch immer viel mit Engagement beziehungsweise Fleiß, Ausdauer beziehungsweise Leidensfähigkeit und Druck beziehungsweise Zielvorgaben zu tun hat. Es gibt in der Regel kaum einen Verkäufer, der faul ist und gutes Geld verdient. Auch ist es so, dass die vielen Neins von Interessenten und Kunden in manchen Situationen nur schwer zu ertragen sind. Dennoch wird vom Verkäufer erwartet, dass er immer wieder neue Türen aufstößt und Chancen eine Chance gibt. Aber in schöner Regelmäßigkeit werden auch immer wieder neue Ziele vergeben. Sollten diese nicht erreicht werden, gibt es mehr oder weniger Druck. Entweder Druck durch die Führungskraft („nun mach!"), durch die Kunden („ich möchte nicht!"), der Zentrale („ach übrigens, wir hätten da noch etwas anderes Wichtiges!") oder durch selbst gemachten Druck („ich muss!"). Manche Verkäufer fühlen sich auch wie an eine Wand gestellt, aus der aus zahlreichen Löchern Wasser fließt. Sie wissen gar nicht, auf welches Loch sie die Hand zuerst legen sollen, denn das Wasser läuft immer weiter aus den anderen Löchern, die gerade nicht zugehalten werden. Sie wissen genau, dass sie etwas tun müssen – aber wie und wann (denn noch)?

Mitarbeiter müssen spüren, dass sich Leistung lohnt. Gerade weil typische Entlohnungsmodelle für Beamte nicht vorrangig Leistung belohnen, sondern Zugehörigkeit, müssen Beamte für zahlreiche Witze herhalten. Denn in der Wahrnehmung vieler ist es ungerecht, dass fleißige und engagierte Mitarbeiter genauso viel beziehungsweise wenig Geld bekommen, wie ihre trägen und anscheinend gleichgültigen Kollegen.

Mit 24 Jahren sagte ich mir, dass ich nur im Verkauf gutes Geld für gute Arbeit verdienen kann. Darum bin ich letztlich in den Verkaufsaußendienst gewechselt. Denn ein guter Buchhalter oder ein guter Personalchef bekommt nicht unbedingt mehr Geld als ein weniger engagierter Berufskollege. Im Verkauf hat das nach meiner Meinung anders zu sein.

Vergütungsmodelle müssen an die Unternehmensziele ausgerichtet sein und Leistung honorieren. Selbstverständlich müssen diese Systeme auch transparent, also für jeden leicht nachvollziehbar sein. Am besten ist es, wenn der Mitarbeiter sogar im Kopf gleich berechnen kann, was er jetzt durch seine aktuelle Leistung verdient. Das System der Bezahlung muss motivierend wirken, wirtschaftlich und von allen akzeptiert sein. Denn das Gerechtigkeitsempfinden, eine oft sehr subjektive Angelegenheit, spielt eine große Rolle.

Es gibt verschiedene Formen der Vergütung. So können Provisionen beispielsweise immer konstant bleiben. Das würde beispielsweise immer 4 Prozent bedeuten. Egal ob die Zielerfüllung nun 80 Prozent oder 120 Prozent ist. Sie kann aber auch ansteigen, beispielsweise ab 90 Prozent auf 6 Prozent, damit Mitarbeiter noch mehr motiviert werden, die Zielerfüllung anzustreben. Wer nicht will, dass Ziele überschritten werden, sollte darüber nachdenken, ob nicht beispielsweise ab einer Zielerfüllung von 105 Prozent die Provision (wieder) sinkt.

Ähnlich ist es auch mit Prämien, also festen Beträgen. Sie könnten pro gewonnenem neuen Kunden gleich hoch ausfallen. Wer aber eine qualitative Komponente wünscht, kann diese auch beispielsweise nach erfolgtem Umsatz des Neukunden staffeln.

Wichtig aber ist: Arbeiten Sie nicht nur mit Jahreszielen, sondern auch mit Quartalszielen und Monatszielen. Denn wie wollen Sie sonst einen Mitarbeiter motivieren, der aus irgendwelchen Gründen schon im dritten Monat deutlich unter Plan ist – der aber noch neun Monate vor sich hat? Viele Verkäufer geben sich leider recht schnell auf. Und wenn sie merken, dass sie selbst mit größeren Anstrengungen (definiert aus Verkäufersicht) ein Ziel sowieso nicht schaffen und kein Geld bekommen – hoffen eben viele auf das nächste Geschäftsjahr. Getreu dem Motto: Neues Spiel, neues Glück. Und ergreifen in den restlichen Monaten zu wenig Initiative. Und wer über einen längeren Zeitraum sehr passiv war, hat sich meist auch irgendwann sehr daran gewöhnt.

Moderne Prämierungsmodelle setzen aber immer wieder neue Anreize, sodass mit hoher Wahrscheinlichkeit Jahresziele eher erreicht werden, weil mehr einzelne Monats- und Quartalsziele eingefahren werden können.

**Vorteile geschickter Leistungslohnmodelle**
- Sie honorieren gute Leistung und bestrafen schlechte Leistung.
- Sie sparen sogar Geld ein, wenn nicht pauschal die Löhne erhöht werden, sondern nur die von den Leistungsträgern.
- Sie ziehen leistungswillige Bewerber an.
- Sie sorgen dafür, dass Unternehmensziele erreicht werden.

Natürlich kann es aber auch passieren, dass durch Leistungsvergütung irgendwann manche Verkäufer nur noch für Geld „laufen" – oder eben nicht. Ebenso gibt es manchmal Schwierigkeiten, wenn die „starken" das Gefühl haben, sie müssten immer wegen den „schwachen" Verkäufern Extrarunden laufen, damit beispielsweise das Teamziel eingefahren wird.

| Merke |
|---|
| Ein wirksames Leistungslohnmodell, dass für alle Verkäufer einer Vertriebsorganisation zu 100 Prozent als gerecht empfunden wird, gibt es nicht. Entweder motiviert es manche Mitarbeiter nicht genug, oder es übermotiviert einige, sodass diese sogar Dinge an Kunden verkaufen, die sie objektiv gesehen gar nicht brauchen. |

Nicht von Vorteil bei vielen Vergütungsmodellen ist, dass diese sich auf den Umsatz beziehen, statt auf den Deckungsbeitrag. Wenn also beispielsweise ein Verkäufer einen Auftrag über 10.000 Euro macht und darauf dann 4 Prozent Provision erhält, wäre sein Einkommen 400 Euro. Gibt der Verkäufer auf den Auftrag in Höhe von 10.000 Euro 10 Prozent Rabatt, dann würde er immer noch 360 Euro auf die 9.000 Euro bekommen. Er verdient dann zwar 40 Euro weniger, aber insgesamt ist ein wertvoller Tausender weniger in den Büchern des Unternehmens.

Nun wäre es in der Praxis für ein Unternehmen, das beispielsweise hundert verschiedene Produkte verkauft, viel zu kompliziert, die Verkäufer über die unterschiedlichen Spannen zu informieren. Zum einen hätte niemand mehr einen Überblick, zum anderen müssen Verkäufer auch gar nicht unbedingt wissen, was tatsächlich beim einzelnen Produkt „hängen" bleibt. Auch wechseln so manche Verkäufer vielleicht einmal zum Mitbewerber. Denen müssen diese nicht auch noch die Kalkulation auf den Tisch legen können.

Dennoch lebt ein Unternehmen nicht von den Umsätzen, sondern von den Gewinnen. Darum muss überlegt werden, wie Verkäufer mehr auf den Gewinn beziehungsweise Deckungsbeitrag Wert legen statt auf den Umsatz. Vielleicht lässt sich in Ihrem Unternehmen folgender Weg durchsetzen: Teilen Sie beispielsweise Ihr Sortiment in drei unterschiedliche Kategorien. Die eine Kategorie umfasst die Produkte, die sehr hohe Deckungsbeiträge erwirtschaftet, die andere mittlere und die dritte sehr geringe. Die Verkäufer bekommen darauf bezogen unterschiedlich hohe Provisionen. Automatisch werden die Verkäufer eher bemüht sein, vorrangig die Produkte anzubieten, auf denen sie die höhere Provision bekommen. Sollte es strategisch sinnvoll sein, ein spezielles Produkt nun vorrangig in den Markt zu bringen, könnten Sie es dann auch gezielt der Kategorie zuordnen, die den Verkäufern die höchsten Provisionen verspricht – auch wenn tatsächlich vielleicht gar nicht so viel Ertrag für Sie übrig bleibt.

Durch eine Rabattquote können Sie ebenfalls einer „Rabattitis" vorbeugen. Wenn Verkäufer immer wieder Feedback erhalten, wie ihr Wert aktuell ist, können diese hier eigenverantwortlich operieren. Es versteht sich von selbst, dass dies nicht funktionieren kann, wenn dieser Wert nur einmal im Monat kommuniziert wird. Vielmehr muss an jedem Tag der Verkaufsverantwortliche die Information bekommen, wie diese aufgrund seines bisherigen Verhaltens ausfällt. So kann er schnell daraus schließen, bei welchem Auftrag er womöglich zu großzügig war – und wie sich hier ein „mehr" an Disziplin auswirkt.

Auch wenn es logisch klingt: Selbstverständlich darf die Zentrale die Rabattquote nicht verwässern. So wäre es hochgradig ungerecht, wenn plötzlich Kosten, die der Verkäufer gar nicht beeinflussen kann, plötzlich seine Rabattquote torpedieren. So hat schon manche Unternehmung den Zorn auf sich geladen, weil diese plötzlich mehrere Hundert Testpakete an zahlreiche Kunden sandte und mit ihrem Gegenwert die Rabattquote der einzelnen Verkäufer belastete. Die Rechtfertigung „Ja, wollen Sie denn keine neuen Kunden!" kam nicht bei den Verkäufern an. Sie fragten sich, ob sie bei einer solchen Willkür überhaupt noch Rabattdisziplin üben sollten. Denn die Sorge kam auf, dass womöglich kurz vor Abrechnungsende die Rabattquote erneut nach oben manipuliert wird, wenn die Zentrale wieder etwas aus heiterem Himmel gratis verschickt.

Auch sind viele Prämien nicht nachhaltig. So gibt es häufig Unternehmen, die ihren Mitarbeitern eine Einführungsprämie geben. Wenn also beispielsweise ein Verkäufer ein spezielles Verbrauchsprodukt an fünfzig Kunden verkauft, beispielsweise einem Friseur eine neues Shampoo, bekommt dieser Verkäufer fünfzig Mal die Prämie x. Natürlich ist es hoch anzurechnen, wenn es einem Verkäufer gelingt, ein Produkt erstmalig an einen neuen oder bestehenden Kunden zu verkaufen. Doch nur weil er es dem Kunden verkauft hat, bedeutet dies noch lange nicht, dass der Kunde dieses Produkt verwendet oder verbraucht. Auch besteht die Gefahr, dass ein Verkäufer, der gute Einführungsprämien bekommt, die Nachbetreuung beziehungsweise den Nachverkauf vernachlässigt. Denn ein Verkäufer sollte sich auch darum bemühen, dass sein Kunde mit dem von ihm gekauften Produkten Geld verdient. Im Extremfall verkauft aber ein Verkäufer, der auf Einführungsprämien gepolt ist, nur hinein, statt dem Kunden auch beim Abverkauf zu unterstützen. Die Folge: Der Kunde ist nur noch Mittel zum Zweck.

Darum macht es Sinn, nicht nur den Reinverkauf zu prämieren, sondern auch den Nachverkauf. Je nach Unternehmensphilosophie sollte der Nachverkauf über einen gewissen Zeitraum sogar höher prämiert werden als der Reinverkauf. Denn schließlich hat mit hoher Wahrscheinlichkeit ein Verkäufer erst wirklich gute Arbeit geleistet, wenn der Kunde sein Produkt nachkauft.

Auch einem anderen Phänomen wird auf diese Weise vorgebeugt: So manche Verkäufer bitten ihre Kunden nämlich nur darum, ein Produkt zu kaufen, damit diese es beim nächsten Besuch wieder über den Kofferraum umtauschen. Durch die Statistik denkt der Arbeitgeber, dass der Verkäufer wirklich gut ist – schließlich hat der Mitarbeiter so manche Sortimente abgesetzt. Wenn aber sich jemand die Garage des Außendienstmitarbeiters anschauen würde, würde er wohl umfallen: Hier sind so manche umgetauschten Innovationen gesammelt. Dieses Verhalten, für einige Verkäufer gängige Praxis, birgt viele Risiken: Zum einen nimmt dadurch die Zentrale den Markt positiver war, als er ist. Ferner wird ein Verkäufer mit Prämien belohnt, die er eigentlich gar nicht verdient hat. Außerdem wächst das Risiko, dass manche Kunden nicht nur mit ihrer Buchhaltung Probleme bekommen, sondern sie sich vielleicht auch irgendwann die Frage stellen: Ist der Verkäufer für mich da oder ich für ihn?

Letztlich sollte aber immer Eines klar sein: Niemand kann einen anderen langfristig von außen motivieren, wenn dieser nicht von sich aus will. Denn Mitarbeiter müssen sich unter anderem auch mit ihrer Aufgabe identifizieren können, das Gefühl haben, dass ihre Arbeit geachtet und geschätzt wird und letztlich auch sinnstiftend ist. Dazu gehört es auch, vertrauen zu können, Spielräume zu haben, informiert zu sein sowie mitbestimmen zu können. Somit kann ein gutes Vergütungsmodell nur die Sahne der Mitarbeiterbindung und -gewinnung sein. Denn es gibt viele Menschen, die irgendwann an einem Punkt ankommen, an dem eine anständige Bezahlung ein wichtiger Aspekt ist – aber nicht der entscheidende.

## 3.6 Tagungen dürfen nicht zu einem Sit-in verkommen!

Viele Menschen sind deswegen Verkäufer geworden, weil sie die Freiheit und die Selbstverantwortung lieben. Schließlich sind sie häufig als Einzelkämpfer in ihrem Bezirk unterwegs und sind sich sehr darüber bewusst, was sie voran bringt – oder auch nicht. Wahrscheinlich haben gerade deswegen viele Verkäufer einen „bürokratischen Stau" in ihrem Büro. Denn welcher Verkäufer macht schon gerne regelmäßig und zuverlässig den Papierkram? Leider (oder zum Glück?) die wenigsten.

Fast alle sind dankbar und offen für praxisnahe Tipps und Anregungen, denn sie wünschen sich weniger Stress und Druck im Arbeitsalltag. Da sind Konferenzen in Maßen bei vielen willkommen. Schließlich kann man sich dort einmal mit Kollegen austauschen und vielleicht auch Neues erfahren. Doch übertreiben es nicht auch manche Unternehmen?

So wie es im Innendienst Menschen gibt, die von Sitzung zu Sitzung hetzen und kaum zur produktiven Arbeit kommen, so wird auch bei manchen Firmen gewohnheitsmäßig alle zwei oder vier Wochen der Außendienst zusammengetrommelt. Doch was kann es alle zwei oder vier Wochen Neues geben, sodass sich der riesige Aufwand lohnt den gesamten Außendienst – meist am Wochenende – wieder auf die Straße zu schicken? Manche Firmen scheinen bei der Kalkulation nur die Raummiete und die Bewirtung zu berücksichtigen. Aber dass manche Verkäufer Stunden(!) im Auto sitzen, Sprit verfahren und häufig mit noch mehr Frust zurückkommen, als sie schon vor der Sitzung hatten, kann doch nicht der Sinn von solchen Veranstaltungen sein. Da läuft doch in manchen Unternehmen etwas schief!

Es ist natürlich leicht gesagt, wenn ich nun hier schreibe, dass Tagungen sinnstiftend und nützlich sein sollen. Wer will das nicht? Dafür ist zum einen der Leiter der Tagung verantwortlich, aber zum anderen auch die Teilnehmer. Dennoch passiert es immer wieder, dass viele Beteiligte schlecht vorbereitet sind. Während also vielleicht die eine Hälfte der Verkäufer regelmäßig die Mails aus der Zentrale liest, scheinen andere darauf zu warten, dass jemand ihnen diese vorliest. Wer hat es auch noch nicht erlebt, dass einige „Spezialisten" erst einmal bei einer Tagung in Kenntnis über einen bestimmten Sachverhalt gesetzt werden müssen, während die anderen davon schon längst etwas wissen und nun gelangweilt herumsitzen? Komischerweise scheinen es auch immer wieder die gleichen Kollegen zu sein, die in solchen Situationen sagen: „Was, davon habe ich ja noch nie etwas gehört!"

Hilfreich kann hier das Versenden von genauen Tagesordnungen sein. Anmerkungen wie „siehe Mail vom ..." werden den Verkäufern helfen, sich besser vorbereiten zu können. Auch sollte bei den einzelnen Tagesordnungspunkten stehen, was erwartet wird: „Zur Information", „Zur Diskussion" und „Zur Entscheidung". So können sich alle Verantwortlichen optimal vorbereiten, weil jeder seine ihm zugedachte Aufgabe und Funktion kennt.

Solche Tagesordnungen helfen ebenfalls, gewisse Rede- und Diskussionszeiten einzudämmen. Denn wer hat ihn noch nicht erlebt, den Kollegen, dem es gelingt, 8 Minuten zu reden, aber doch nichts zu sagen? Auf Teamebene könnten daher auch Spielregeln festgelegt werden, um allen zu helfen, die Tagungsziele besser zu erreichen.

Sollte es immer wieder Kollegen geben, die unvorbereitet zur Tagung kommen und somit den Fluss der Information und Kreativität hemmen, gibt es auch hier Lösungen. So hat ein großes Tagungs-Sparschwein schon so manchen 5-Euro-Schein zur Strafe „gefressen". Aber solche kreativen Lösungen müssen selbstverständlich vom Team kommen – und nicht von der

Sorgen Sie für Performance | 141

Führungskraft. Auch muss die Führungskraft aktiv werden, wenn es sich nicht nur um ein oder zwei „Spezialisten" handelt, sondern womöglich um das gesamte Team. Denn in diesem Fall liegt das Problem wahrscheinlich ganz woanders.

> **Merke**
>
> Tagungen oder Treffen sollten nur anberaumt werden, wenn es wirklich notwendig ist.

Viele Dinge lassen sich auch per Mail, Telefon oder Videokonferenz erledigen. Eine interessante Idee ist es, den Verkäufern gewisse Informationen als Audio-Datei zur Verfügung zu stellen. Manche Unternehmen scheinen gerne Tagungen auf Wochenende zu verlegen, weil sie glauben, dass es wenigstens billiger ist – schließlich bekommen die Mitarbeiter in der Regel dafür kein Geld. Doch ich behaupte: Mitarbeiter geben auch gerne etwas Freizeit her, sofern es ihnen nützt. Wenn Mitarbeiter aber schon frustriert zu einer Tagung fahren, weil sie aus den bisherigen 130 Tagungen auch schon nichts mitnehmen konnten, stimmt etwas am Tagungsmanagement nicht.

Auch dienen Tagungen gerne der Vergangenheitsbewältigung. Doch was wollen Sie daran jetzt noch ändern? Die meisten kennen ihre Zahlen eh – also muss auch nicht lange darüber gemeinsam gesprochen werden. Nutzen Sie viel lieber die Zeit, um die Zukunft besser zu planen. Was nützt es, wenn auf einer Tagung besprochen wird, was in den nächsten zwei Monaten schwerpunktmäßig verkauft werden soll, wenn keiner Antworten auf das Wie bekommt? Es kann doch nicht der Sinn einer Tagung sein, dass danach jeder Verkäufer zu Hause vor sich hinbrütet und überlegt, wie er denn nun diese Ziele schaffen soll.

Obwohl die Herausforderungen für Verkäufer eigentlich immer die gleichen sind (beispielsweise: Wie setze ich höhere Preise besser durch? Wie arbeite ich mit höherer Verbindlichkeit beim Kunden? Wie gehe ich geschickter mit Einwänden um?), hat kaum ein Unternehmen eine Sammlung von unternehmensspezifischen bewährten Tipps für bessere Verkaufsresultate. Dabei denke ich unter anderem an Aussagen und Verhaltensvorschlägen im Verkaufsalltag, die das Gespräch positiv beeinflussen. Denn Einwände wie „zu teuer", „bin zufrieden" oder „keine Zeit" haben schon viele Verkäufer in der Firma gehört. Auch funktioniert die ein oder andere Idee bei der Neukundengewinnung besser, als so manch eine andere. Warum müssen also häufig Neulinge im Verkauf auch wieder experimentieren und ausprobieren, um weiterzukommen? Wäre es nicht viel einfacher, wenn die Verkaufsleitung alle Erfolgsrezepte der Mitarbeiter sammelt und allen – also auch den Neuen – zur Verfügung stellt? Dadurch werden viel Zeit und Geld gespart. Denn schließlich wird so vieles von Anfang an gleich richtig – oder zumindest besser gemacht. Dies gibt dann zusätzlich Sicherheit, Motivation und mehr Selbstvertrauen. Die Erstellung einer solchen Sammlung erfordert relativ wenig Aufwand. Erst recht im Verhältnis zum Nutzen.

> **Praxistipp**
>
> Auf Tagungen sollten bewährte Lösungen und Ideen gesammelt und niedergeschrieben werden, um sie der gesamten Belegschaft mit Verkaufsverantwortung als Inspirationsquelle zugänglich zu machen. Durch solche lösungsorientierten Diskussionsrunden werden sich die Teilnehmer auch immer mehr über ihre Stärken bewusst, sodass sie diese gezielt einsetzen und wiederholen können.

Natürlich können auf Tagungen auch plötzlich Themen aufkommen, die die Tagesordnung nicht vorsieht. Selbstverständlich werden Puffer in die Tagesordnung eingebaut, aber diese sind vorrangig dazu da, falls das Thema länger braucht als laut der Tagesordnung geplant. Was könnte also nun mit Wortbeiträgen geschehen, die auch wichtig sind, aber nicht zum Thema gehören? Die Führungskraft sollte nachfragen, ob dies von allgemeinem Interesse ist – oder nicht. Wenn es von allgemeinem Interesse ist, könnte dieser Punkt zum Schluss unter „Verschiedenes" geklärt werden. Sollte das Thema aber nicht einmal die Hälfte der Anwesenden interessieren, ist das Thema nach der Tagung unter den Betroffenen allein zu lösen. Damit kein neu eingebrachtes Thema vergessen wird, sollte es stichpunktartig auf dem Flipchart festgehalten werden.

Wichtig ist, dass es bei Tagungen immer um Lösungen gehen sollte. Gerade darauf hat der Leiter der Tagung zu achten – und sie gegebenenfalls mit guten Fragen herauszuarbeiten. Denn wenn nur jeder Teilnehmer ein oder zwei Ideen von jeder Veranstaltung mitnimmt, die ihm wirklich in seinem Verkaufsalltag helfen, leichter seine Ziele zu erreichen, sehen immer weniger Verkäufer in Tagungen eine Belastung, sondern eine wirkliche Bereicherung.

# 4.
# Wie Trainings nicht nur Ihr Geld kosten, sondern es vermehren!

## 4.1 Mythos Seminar – Was bringen Seminare wirklich?

Wenn man mit so manchen Menschen spricht, scheint es um den Stellenwert von Trainings nicht gut bestellt zu sein: „Hör mir bloß mit Seminaren auf!" oder „Entweder kann man verkaufen, oder nicht!" sind so manche Aussagen, die nicht nur Verkäufer von sich geben, sondern auch viele Führungskräfte und Geschäftsführer.

Dennoch gibt es auch andere Menschen und Entscheider. Für viele ist es selbstverständlich, jedes Jahr einen gewissen Betrag in sich oder in die Mitarbeiter zu investieren. Also muss aus deren Sicht ein Nutzen an Trainings sein, sonst würden diese so etwas nicht durchführen.

Auch gibt es viele Mitarbeiter, die für Weiterbildung sehr offen sind, meist aber nur so lange sie selbst dafür nicht finanziell aufkommen müssen. Getreu dem Motto: Mein Chef will doch, dass ich gut verkaufe, also soll dieser auch alles schön bezahlen!

*Als ich mich mit 25 Jahren entschieden habe, vom Verkaufsinnendienst in den Außendienst eines großen Konzerns zu wechseln, konnte ich nicht verkaufen. Ich wollte aber ein erfolgreicher Verkäufer werden, weil ich mir sagte: Wenn ich gutes Geld für gute Leistung will, dann muss ich in den Verkauf. Nach einigen Monaten in meinem Verkaufsbezirk merkte ich, dass ich einfach noch mehr Input brauchte. Denn die zwei Tagungen im Monat waren zwar manchmal interessant, aber sie waren nicht vorrangig dazu da, wirklich besseres Verkaufen zu lernen. Denn wie es auf vielen Tagungen so üblich ist, werden die Teamzahlen und Einzelergebnisse gerne präsentiert und auseinandergenommen. Daraus ließ sich leicht erkennen, dass die „guten" Verkäufer immer die gleichen waren – und die „schwachen" ebenso. Da es keine individuelle Talentförderung für mich gab, konnte ich mir schnell ausrechnen, dass es keinen Grund gibt, alleine durch den Austausch auf Tagungen nach vorne zu kommen. Also habe ich mich entschieden, selbst in mich zu investieren: Zuerst ein paar Bücher, dann Hörbücher und später auch Seminare. Manch ein Seminar hat mein Arbeitgeber finanziell gefördert, dennoch habe ich alleine bis heute einen hohen fünfstelligen Betrag in mich investiert – rückblickend betrachtet zu meinem Glück. Denn ich lernte nicht nur anders zu denken und zu handeln, sondern auch letztlich geschickter Umsätze zu machen als viele meiner Kollegen. Nur so ist es mir gelungen, Kunden in meinen Verkaufsbezirk derartig zu entwickeln, dass ich weit vorne im Ranking stand – nicht nur in unserem Team, sondern bundesweit von über zweihundert Verkäufern.*

Dies schreibe ich jetzt nicht, um mir selbst auf die Schulter zu klopfen, sondern um Ihnen klarzumachen: Wenn Sie immer das machen, was Sie bisher gemacht haben, werden Sie auch immer das erhalten, was Sie bisher bekommen haben – wenn überhaupt. Wollen Sie also, dass sich etwas an Ihren vertrieblichen Zahlen ändert, müssen Sie handeln. Wenn Sie nicht handeln, dürfen Sie sich nicht beschweren, dass alles so ist, wie es ist. Also: Sind Sie wirklich(!) zufrieden?

Viele Verkäufer selbst tun sich schwer mit dem eigenverantwortlichen Buchen von Seminaren oder dem Kauf von weiterführender Literatur. Nach meiner Erfahrung ist diese Verhaltensweise falsch.

> **Merke**
>
> Nicht Ihr Arbeitgeber ist für Ihre Zukunft, Ihr Wohlbefinden und Ihre Verkaufsresultate allein verantwortlich, sondern schwerpunktmäßig Sie als Mitarbeiter für sich selbst – denn es ist Ihr Leben.

Nur weil Ihr Arbeitgeber womöglich keinen Sinn darin sieht, die Wahrscheinlichkeit zu erhöhen, dass seine Mitarbeiter besser verkaufen, heißt das lange noch nicht, dass Sie selbst als Mitarbeiter deswegen nicht aktiv werden dürfen.

Hat es sich nicht sogar für Sie schnell gerechnet, wenn Sie jedes Jahr beispielsweise 5 bis 10 Prozent Ihres Einkommens für Ihre eigene persönliche und verkäuferische Entwicklung investieren? Schließlich verdienen Sie in der Regel auch durch besseres Verkaufen mehr. Weshalb sollten Sie auch mehr, besser und leichter Verkaufen, wenn Sie genauso argumentieren und präsentieren wie vor drei Jahren?

Für einen Urlaub geben so manche Menschen gerne ohne langes Zögern vierstellige Beträge aus. Eine ähnliche Summe jedes Jahr für seinen Privatwagen aufzuwenden, ist für viele ebenfalls kein Thema. Aber wenn es um die eigene Bildung geht oder auch um die eigene Gesundheit, sitzt bei vielen das Geld nicht mehr so locker. Sehr wahrscheinlich würde sich dieses Ausgabeverhalten auch dann nicht ändern, wenn die Bildungsbranche ähnliche Werbe-Etats hätte wie die Automobil- oder die Reisebranche.

Ich vermag nicht zu sagen, woran das liegt. Vielleicht weil es einfach bequemer ist, in der Sonne zu liegen, statt zu lernen. Möglicherweise auch, weil manche Menschen ihre Mitmenschen lieber mit Statussymbolen beeindrucken, statt mit Persönlichkeit, Charisma und Fachwissen. Ganz bestimmt aber, weil berufliche Weiterbildung nicht so sexy ist, wie das neueste Automodell oder der außergewöhnliche Urlaub. Doch ich fordere ja nicht, dass Sie auf Urlaub oder Autos gänzlich verzichten. Ich will Sie nur nachdenklich machen mit der Frage: Kann es richtig sein für Urlaub oder Autos mehr Geld auszugeben, als für seine eigene(!) Persönlichkeit und Zukunftssicherung?

**Zwei gute Gründe, warum Sie als Mitarbeiter in Weiterbildung investieren sollten**
- Sie erhöhen Ihren eigenen Marktwert, weil Sie durch weitere Seminare und gute Bücher nicht nur besser werden, sondern dies auch durch Ihre Zahlen und Zertifikate dokumentieren können. Qualifizierte Verkäufer werden mit zunehmender Zeit immer rarer und sind auf dem Arbeitsmarkt sehr begehrt. Nur weil Ihr Arbeitsverhältnis jetzt gut ist,

muss es nicht so bleiben. Wer will schon an einen Arbeitgeber gebunden sein, wenn man eigentlich gar keine Lust verspürt, für diesen noch zu arbeiten? Es gibt genügend Menschen, die unglücklich mangels Alternative bei einem „schlechten" Arbeitgeber kleben bleiben. Aber was ist das für ein Leben? Was ist mit der eigenen Selbstachtung?

- Wenn Sie auf Dauer die gleichen Inhalte wie Ihre Kollegen bei internen Firmenschulungen vermittelt bekommen (sofern Ihr Arbeitgeber überhaupt Trainings organisiert), dann stellt sich eine interessante Frage: Wie wollen Sie schneller und leichter besser werden als Ihre Kollegen? Mit „besser" ist nicht unbedingt gemeint, im Verkäuferranking von Platz 50 auf Platz 10 zu steigen. Mit „besser" ist auch mehr Einkommen gemeint oder gleiches Einkommen mit weniger Zeitaufwand oder zumindest weniger unangenehme Arbeit beziehungsweise schlechte Gefühle. Was würde es also für Sie bedeuten, wenn Sie noch eine „Schippe extra" draufpacken?

Die wenigsten Bücher für Verkäufer gehen auf Verkaufstrainings ein. Warum eigentlich? Schließlich sind die meisten Autoren von Verkaufsbüchern doch Verkaufstrainer! Und es gibt wahrscheinlich kaum einen Verkäufer, der noch niemals in seinem Leben ein Verkaufstraining besucht hat oder erleben wird.

Bekanntlich ist Wissen nicht Können und Können ist nicht Tun. Verkaufstrainings haben nicht nur die Aufgabe, weiteres Wissen bei den Teilnehmern anzuhäufen. Vielmehr muss dieses Wissen, oder zumindest Teile davon, Eingang in deren Verkaufsalltag finden. Sollte sich nach einem Training bei keinem Teilnehmer nicht einmal eine Kleinigkeit zum Besseren ändern, war die gesamte Maßnahme für die Katz. Da hätten die Teilnehmer besser gleich von dem Geld einen Betriebsausflug machen sollen. Nur für eine reine Bespaßung sind Vertriebstrainings zu teuer, auch wenn der überdurchschnittliche Unterhaltungsfaktor vieler Verkaufstrainer für gute Seminarbeurteilungen sorgt. Verrückterweise scheinen manche Teilnehmer nicht einmal zu wissen, dass von ihnen erwartet wird, dass sie Inhalte vom

Seminar umsetzen sollen. Diese „Spezialisten" lassen sich gerne berieseln und verlassen sich lieber auf ihre Intuition im Alltagsgeschäft – wie immer – das Richtige automatisch zu tun …

> **Merke**
>
> Da in der Regel bei jedem Verkäufer jedes Jahr die Ziele steigen – oder aber zumindest die Ansprüche der Kunden – müssen Trainings als wesentlicher Baustein für den Erfolg von Verkäufern und der gesamten Unternehmung gesehen werden.

Jeder Trainer, der seinen Beruf ernst nimmt, beschäftigt sich intensiv mit der Frage, wie seine Trainingsinhalte von den Teilnehmern auch umgesetzt werden (Lerntransfer). Hier haben häufig Trainer, Auftraggeber und Seminarteilnehmer höchst unterschiedliche Erwartungen und Ansprüche. Wenn eine Trainingsmaßnahme zu keiner Veränderung führt, wer trägt dann die Schuld? War der Trainer zu inkompetent die Inhalte gut mitzuteilen? Waren die Teilnehmer zu träge und zu eingefahren, um aus der Denkhaltung „Prima, mache ich auch nicht!" herauszukommen? Oder hat die Führungskraft einfach den falschen Trainer ausgesucht oder möglicherweise so manch einen falschen Mitarbeiter irgendwann einmal eingestellt? Kann es nicht sogar sein, dass einige potenziellen Auftraggeber zu viel von einer einzelnen Weiterbildungsmaßnahme erwarten? Denn wenn beispielsweise ein Teilnehmer vierzig Jahre alt ist, dann hat er doch vierzig Jahre gebraucht, um so zu werden, wie er jetzt ist: mit all seinen guten als auch negativen Verhaltensweisen für seinen Verkaufsalltag. Ist es denn überhaupt realistisch, von ein oder zwei Tagen Training (und dann womöglich noch für möglichst wenig Geld) zu erwarten, dass nun so manche schlechten Gewohnheiten bei den Teilnehmern endgültig und somit nachhaltig „ausgetrieben" werden? Ist es nicht vielmehr so, dass zahlreiche Menschen schon durchaus bewusst oder unbewusst wissen, was sie falsch machen (wenn auch häufig erst hinterher), aber ihre Routine (oder sollte ich lieber schreiben ihre Erfahrung?) sie zwingt, es wider besseren Wissens weiterhin so zu machen wie bisher?

Ein oder zwei Tage Training alle Jubeljahre, womöglich auch noch erst dann, wenn das Kind in den Brunnen gefallen ist, bringen in der Regel nichts.

***Beispiel: Wie sich Verkäufer den Misserfolg schönreden***
*Viele Verkäufer ärgern sich immer wieder über bestimmte Einwände, die sie nicht entkräften können. Gerne redet sich das ein unkritischer Verkäufer nach dem Gespräch schön. Vielleicht mit „Der Kunde hat es einfach noch nicht begriffen!" oder „Wir haben auch wirklich eine komische Preiskalkulation. Ich muss darüber mal mit meinem Chef reden. Die Mitbewerber sind viel billiger!" Was mag die Ursache für Misserfolge dieser Art sein? Wenn man den Verkäufer fragt, wird er sich wahrscheinlich ein Seminar zum Thema Einwandbehandlung wünschen. Doch liegt das Problem nicht ganz woanders, nämlich deutlich tiefer? Hat er nicht mit viel höherer Wahrscheinlichkeit schlecht argumentiert, präsentiert und somit die Einwände provoziert? Kann es nicht auch sein, dass dieser Verkäufer sich noch niemals die Frage „Warum soll der Kunde bei mir kaufen?" ernsthaft beantwortet hat? Ist er womöglich psychisch schon durch seine Misserfolge derartig demotiviert, dass er ohne böse Absicht viel mehr in das Misslingen statt in das Gelingen verliebt ist? Kann er seine schlechte mentale Verfassung wirklich lange vor seinen Kunden mit seiner Körpersprache und Wortwahl verbergen? Glauben Sie ernsthaft, dass einem solchen Menschen, der Umsatzverantwortung trägt, mit einem einzigen Einwandbehandlungsseminar mittel- und langfristig zu helfen ist? Muss nicht vielmehr an seiner Einstellung zu Einwänden, an seiner Denkhaltung zur Gesprächsvorbereitung und seiner gelebten Verkaufspraxis in seinem Verantwortungsbereich gearbeitet werden?*

*Wenn Sie jetzt mit Ja antworten, kommen wir automatisch zum nächsten Problem: Viele Mitarbeiter kommen vor lauter Arbeit gar nicht mehr zum Denken. Sie arbeiten einfach nur noch ab, ohne kritisch zu reflektieren, ob es auch anders oder gar besser gehen könnte. Wenn sowieso viel zu tun ist – wann soll auch noch Zeit für Seminare sein? So was frisst nur unnötig Zeit, denken so manche. Also kramen sie sich lieber weiter durch den Verkaufsalltag und nehmen sich keine Zeit für Verbesserung.*

Die wichtigste Erkenntnis, die man Trainings zugrunde legen sollte, ist: Lernen braucht Zeit. Spontan nach fünf Jahren „Bildungspause" verpufft ein eintägiges Seminar nahezu wirkungslos bei den meisten Teilnehmern. Um ungeschickte Gewohnheiten abzulegen, brauchen die Teilnehmer nicht nur die Informationen, mit denen sie rein logisch Ihre Gewohnheit austauschen sollten, sondern sie müssen sich tatsächlich Schritt für Schritt neue Verhaltensweisen, angewöhnen. Denn dass Hauruck-Methoden selten zum Erfolg führen, zeigen auch Erfahrungen aus dem Ernährungs- oder Sportalltag. Wer seine Ernährung von heute auf morgen komplett umstellt, hält nicht lange durch. Spätestens nach ein paar Tagen sorgt der innere Schweinehund schon dafür, dass die Person wieder in das alte Fahrwasser zurückfällt. Und wer als untrainierter Läufer gleich fünf Kilometer mit der Stoppuhr durchlaufen will, wird mit sehr hoher Wahrscheinlichkeit schnell zu der Erkenntnis kommen, dass Laufen (auch) nicht sein Sport ist.

Generell muss das Ziel von Weiterbildungen immer sein, konkrete Handlungskompetenzen bei den Teilnehmern zu verbessern:
- Soziale Kompetenz im Sinne von wirksamer Kommunikation, Zusammenarbeit und Konfliktbewältigung.
- Fachliche Kompetenz zur Schaffung fachlicher Fähigkeiten und Fertigkeiten und Kenntnisse für berufliche Aufgaben.
- Methodische Kompetenz zur eigenständigen Problemlösung und Informationsbeschaffung sowie Informationsverwendung.

**Praxistipp**

Trainings haben für die Teilnehmer dann den höchsten Nutzen, wenn sie während des Seminars selbstständig eigene aktuell wahrgenommene Probleme lösen. Hier gibt der Trainer durch Fragestellungen und gezielten Input Denkanstöße, die dann vom Verkäufer während des Seminars auf seinen individuellen Alltag übertragen werden.

## 4.2 Vom Wunsch nach der konkreten Bildungsrendite

Viele Unternehmen streichen ihr Weiterbildungsbudget, sofern sie überhaupt eines haben, wenn Kostensenkungen gefragt sind. Doch kann es geschickt sein, Investitionen in die eigenen Mitarbeiter und in die eigene Unternehmenszukunft zurückzufahren, wenn doch gerade in schwierigen Zeiten Umsätze und Marktanteile zu halten und zu verteidigen sind?

So wie der Werbeerfolg von Zeitungsanzeigen nur schwer zu messen ist, so ist der Nutzen von Weiterbildungen noch um ein Vielfaches schwerer zu bestimmen – wenn überhaupt. Leider kann man nicht sagen, dass beispielsweise eine Investition von 100.000 Euro in die Außendienstmannschaft in Form von Seminaren zu einem Mehrumsatz von X Euro führt. Ebenso kann niemand ernsthaft behaupten, dass die Nichtinvestition in Fortbildung zu einem Minderumsatz von X Euro geführt hat. Es gibt keine Kausalkette zwischen Weiterbildung und unternehmerischen Erfolg. Wenn es diese gäbe, sähe es sicherlich mit der Einstellung zu solchen Investitionen anders aus. Kurz: Das Hauptproblem von Weiterbildungen ist, dass sich der Ertrag aus diesen Investitionen betriebswirtschaftlich nicht einwandfrei darstellen lässt beziehungsweise deren Verlust infolge von Trainingsverweigerung. Gerade weil dies so ist, sind viele Menschen – egal ob beruflich oder privat – für tiefgründige berufliche Weiterbildung wenig offen. Statt beispielsweise privat für 1.000 Euro ein Seminar zu buchen und daraufhin möglicherweise mehr Umsatz und somit mittel- und langfristig ein besseres Einkommen zu generieren, fühlen sich viele sicherer und besser, wenn sie diese 1.000 Euro für einen Zinssatz von 1,7 Prozent anlegen. Da weiß man dann wenigstens, was konkret herauskommen wird. Und bequemer und einfacher ist es auch ...

Wer genau wissen möchte, was Weiterbildung in Zahlen bringt, muss mit Vergleichsgruppen arbeiten. Dazu bräuchten Sie beispielsweise zwei Gruppen von jeweils zehn Verkäufern, die die gleichen Fertigkeiten und Fähigkeiten als auch die gleichen Verkaufsbezirke haben, also die identischen Ausgangsvoraussetzungen besitzen. Dann wird die eine Gruppe trainiert, während die andere nichts Neues lernt. Daraufhin gehen alle zwanzig Teilnehmer wieder zurück in ihre Bezirke und nach beispielsweise einem halben Jahr wird geschaut, ob beziehungsweise wie sich die beiden Gruppen nun entwickelt haben. Ist sehr theoretisch, aufwendig und somit nicht praktikabel. Auch ist die Anwendung des Erlernten abhängig von den Rahmenbedingungen. Denn wenn ein Verkäufer beispielsweise nach dem Training private Probleme hat, die Führungskraft wechselt, ein Kunde von heute auf morgen stark expandiert oder schließt, der Mitbewerber plötzlich eine neue Strategie fährt oder die eigene Buchhaltung schlagartig die Warenkreditlimite der Kunden reduziert, dann wird sich dies auf die Verkaufsresultate auswirken. Solche Faktoren können und dürfen nicht Einfluss nehmen auf die Rentabilitätsberechnung von Trainings.

Für diejenigen, die dennoch Zahlenmaterial wünschen, soll nachstehendes Modell eine Hilfestellung geben:

**Kalkulation nach der Wirtschaftlichkeitsanalyse:**
1. Das Problem wird identifiziert. Beispielsweise klafft die Leistungsschere zwischen den besten und schwächsten Verkäufern bei Produktneueinführungen sehr weit auseinander.
2. Die Kosten werden geschätzt, die das Problem verursacht. Welche Deckungsbeiträge wären möglich, wenn die durchschnittliche Produkteinführungsquote um X gesteigert wird?
3. Erarbeitung von Lösungsmöglichkeiten. Welche Konzepte und Ideen sind im Markt verfügbar, um die Verkäufer zu entwickeln? Also: Welcher Trainer kann wie und womit hier am besten helfen?
4. Hochrechnung der Kosten zur Problemlösung. Welche Kosten entstehen durch die Weiterbildungsmaßnahme (Kosten für den Trainer sowie die Teilnehmer in Form von Übernachtungen, Anfahrten, Lohnfortzahlungen, Raummiete, Verpflegung usw.)?

5. Ermittlung des Ergebnisses durch die Problemlösung. Welche höheren Deckungsbeiträge sind jetzt durch bessere Produkteinführungen möglich? Wie hoch waren die Investitionen in diese Trainingsmaßnahme insgesamt?
6. Kalkulation des Kosten-Nutzen-Verhältnisses der Problemlösung. Wie fällt das Verhältnis zwischen Investition und Nutzen aus?

***Um diese Rechnung ein wenig mit Leben zu füllen, folgt ein Zahlenbeispiel:***

*Ein Unternehmen hat 100 Verkäufer. Es ist ein neues Produkt einzuführen, welches einen Deckungsbeitrag von 150 Euro erwirtschaftet. Aufgrund von Erfahrungswerten kann davon ausgegangen werden, dass die besten 5 Verkäufer vermutlich jeweils 80 Kunden mit dem Produkt bevorraten, während die schlechtesten 22 Verkäufer jeweils 18 Kunden gewinnen werden. Über den gesamten Außendienst verteilt, werden durchschnittlich 35 Kunden gewonnen. 35 Kunden multipliziert mit hundert Verkäufern und 150 Euro Deckungsbeitrag ergibt einen voraussichtlichen Gesamtdeckungsbeitrag von 525.000 Euro.*

*Nun ist die Aufgabenstellung „Wie können wir durchschnittlich 50 Kunden statt 35 Kunden gewinnen?" Dazu wird ein Verkaufstrainer gesucht, der mit den Teilnehmern gezielt die Produkteinführung trainiert und einübt. Es werden Einstiegssätze, Argumente, Präsentationsideen, Frage-, Einwand- und Abschlusstechniken über zwei Tage am Stück mit jeweils 10 Verkäufern geübt und erarbeitet. Die 10 Vertriebstrainings über zwei Tage verursachen Kosten in Höhe von jeweils 12.000 Euro. Diese umfassen das Honorar für den Trainer als auch die Fahrt-, Bewirtungs- und Übernachtungskosten für die Teilnehmer.*

*Nach der Produkteinführung kann der Erfolg der Maßnahme ermittelt werden. Hat sich der Mehraufwand von 120.000 Euro gelohnt? Wenn tatsächlich das Ziel mit 50 Kunden im Schnitt erreicht worden ist, dann wurden weitere 225.000 Euro Deckungsbeitrag erwirtschaftet. Abzüglich der Trainings-*

*investition ist also dennoch ordentlich etwas hängen geblieben. Ein rein kaufmännisch gesehenes Nullsummenspiel wäre herausgekommen, wenn der Durchschnitt nach der Weiterbildungsinvestition bei 43 Kunden pro Bezirk liegen würde.*

*Problematisch an dieser Wirtschaftlichkeitsanalyse ist, dass von konstanten Variablen ausgegangen wird. Denn es könnte ja auch sein, dass der Mitbewerber (durch Zufall?) zur gleichen Zeit ein ähnliches Produkt einführt. Ein weiteres Problem ist die Zurechenbarkeit des Erfolges. Denn nur weil die Verkäufer besser verkaufen, ist dies nicht unbedingt ein alleiniger Verdienst des Trainers. Denkbar wären auch Einflüsse durch begleitende durchdachte Marketingkampagnen, sodass die Kunden schon von sich aus sehr offen sind, für das, was der Verkäufer ihnen zeigen und verkaufen will. Ebenfalls fließen die Nachwirkungen des Trainings und der Einführung nicht in diese Kalkulation ein. Wie ist es also zu bewerten, wenn aufgrund dieser Trainingsmaßnahme zukünftig einige Verkäufer weitere neue Produkte besser verkaufen? Wo werden die Nachverkäufe der Kunden berücksichtigt, die nicht bestehen würden, hätten sie damals das Produkt mit den 150 Euro Deckungsbeitrag nicht gekauft?*

Fazit: Der kalkulatorische Nutzen kann nicht eindeutig berechnet werden. Wirtschaftlichkeitsberechnungen sind nur mit Richtwerten beziehungsweise Schätzwerten möglich. Diese geben eine Tendenz an – aber keine klare und verbindliche Aussage. Dennoch sollte niemand dem Trugschluss erliegen, dass etwas, was nicht genau berechnet werden kann, nicht wirksam sein kann.

> **Praxistipp**
>
> Sie können die Bildungsrendite bei der Neukundengewinnung berechnen. Sie halten die potenziellen Neukunden in einer Liste fest, die objektiv gesehen durchaus mit Ihnen zusammenarbeiten könnten, aber bisher trotz Ihrer Bemühungen noch nicht überzeugt worden sind.
> Es wird ein individuelles Trainingskonzept für die Verkäufer durchgeführt, wie sie diese Abnehmer gewinnen. Nach vielleicht einem Jahr kann überprüft werden, wie sich diese Wunschkunden entwickelt haben. Denn ohne Trainingsmaßnahme wären diese wahrscheinlich immer noch mit 0 Euro in Ihrer Kartei. Jetzt ist aber genau zu sehen, welcher wie viel Umsatz tätigt oder wie die Geschäftsentwicklungstendenz ist.

Vielleicht gerade weil der Trainingserfolg nur schwer finanziell zu ermitteln ist, legen manche Unternehmen einen sehr großen Wert ausschließlich auf Feedbackbögen. Gewöhnlich werden sie gegen Ende der Veranstaltung verteilt. Doch diese Bögen ergeben meist recht wenig wertvolle Informationen. Denn eine reine Zensurenvergabe der Teilnehmer ist wenig aufschlussreich. Was sagen schon Einser, Zweier oder Dreier aus? Wo ist da der Zusammenhang zwischen Lerngewinn und Qualität des Trainings? Bedenken Sie bitte, dass manche Teilnehmer eines Trainings eher mit einer Berieselung durch den Trainer rechnen. Doch wenn dieser die Teilnehmer bis an ihre Leistungsgrenze fordert, damit der Lerntransfer gesichert wird, bedeutet das auch automatisch, dass es deswegen nur Einsen gibt? Oder wie ist es mit den „traumatisierten Schülern", die früher an Lehrer geraten sind, welche selbst bei Bestleistungen niemals eine Eins vergeben haben? Werden diese später einen Trainer mit sehr guten Leistungen entsprechend bewerten oder platzieren diese im Zweifelsfall lieber Zweier-Zensuren? Ist es nicht naheliegend, dass ein zum Seminar „gezwungener" Teilnehmer das gleiche Training anders bewertet als ein „freiwilliger" Teilnehmer?

Es gibt manche Auftraggeber, die messen diesem Feedbackbogen einen deutlich höheren Stellenwert bei als der Seminarteilnehmer. So möchte der Ausfüllende gegen Ende der Veranstaltung gerne nach Hause, füllt „mal eben" den Bogen aus, indem er ein paar Kreuzchen verteilt. Damit hat er seine (häufig als lästige Pflicht empfundene) Aufgabe getan. Die häufig geringe Identifikation der Teilnehmer mit einem solchen Bogen ist auch daran zu erkennen, dass die wenigsten etwas in Kommentarfelder schreiben, wenn Sie auch die Möglichkeit haben, Zensuren zu verteilen.

Wenn aber ausschließlich ein paar Felder zur Verfügung stehen, in denen Stichworte oder Sätze verlangt werden, führt dies in der Regel zu einem wertvolleren Feedback. Es versteht sich von selbst, dass auch der Trainer über die Gruppe insgesamt ein schriftliches Feedback geben sollte. Beispielsweise über die Homogenität, die Vorerfahrungen, die Aufgeschlossenheit und Motivation der gesamten Gruppe.

Statt also Feedbackbögen einzusetzen, die beispielsweise zehn Zensuren abfordern, sollten lieber ausschließlich ein paar wenige offene Fragen zu beantworten sein. Vielleicht „Was konnten Sie von dem Training mitnehmen?", „Welche Inhalte hätte der Trainer noch mehr vertiefen sollen?", „Welche Inhalte empfanden Sie als unnötig?" oder „Wie empfanden Sie den Stil der Wissensvermittlung?" Aus der Beantwortung solcher Fragen kann sowohl der Trainer als auch der Auftraggeber wirklich etwas für zukünftige Maßnahmen mitnehmen. Auch reflektieren die Teilnehmer damit die Veranstaltung wesentlich intensiver.

## 4.3 Trainer ist nicht gleich Trainer

Auch wenn es bei vielen Unternehmen interne Verkaufstrainer gibt, so sind dennoch viele Entscheider offen für externe Trainer, weil sie sich davon andere Impulse versprechen.

Die Wichtigkeit der Akzeptanz des Trainers seitens der Teilnehmer darf nicht unterschätzt werden. Denn spätestens, wenn sich das Gefühl bei der Verkaufsmannschaft einschleicht, dass es sich um keine gestandene Verkäuferpersönlichkeit handelt, die „da vorne" andere Denkweisen eröffnen will, wirkt sich das negativ auf die Gruppendynamik aus. Dies bekommen auch so manche selbstständigen Trainer zu spüren, die Verkaufstrainings anbieten, sich aber mit ihrem Angebot nicht auf das Verkaufen konzentrieren, sondern eher eine Bauchladenmentalität besitzen: Wer Führungskräftetraining, Verkaufstraining, Zeit- und Organisationsmanagement und noch so einiges anderes aus einer Hand offeriert, wird mit hoher Wahrscheinlichkeit nicht alles gut machen können. Vielmehr wird der „Bauchladentrainer" nur oberflächlich die gesamte Materie seines Angebotsportfolios beherrschen. Doch für ein gelungenes Verkaufstraining wird in der Regel kein Trainer gebraucht, der Dinge erzählt, die die Teilnehmer schon wissen. Wirklich neue Ansätze und Erklärungen, die Verkäufern aus einer Sackgasse tatsächlich heraushelfen, können nur Verkaufsspezialisten geben. Und dazu gehört weit mehr als drei Bücher zum Thema Verkaufen gelesen und vielleicht selbst sechs Monate Bezirksverantwortung gehabt zu haben.

Oberflächliche Trainer mit vielen Worten und wenig Inhalt erspüren erfahrene Verkäufer (egal ob nun „gute" oder „schwache") recht schnell. Da ist manchmal aufgrund gruppendynamischer Prozesse das Training schneller gegen die Wand gefahren als ein Gespräch eines unerfahrenen Verkäufers am Telefon mit einem potenziellen Neukunden. Um diesem negativen Feedback vorzubeugen, vermarkten sich viele „Bauchladentrainer" lieber billig. Denn wenn das Training nicht viel gekostet hat, sind zahlreiche Auftraggeber über einen geringen Seminarerfolg auch nicht erbost. Klingt verrückt, ist aber so. Oder haben Sie schon einmal einen Döner für zwei Euro reklamiert, nur weil er nicht geschmeckt hat? Genau, Sie haben schon automatisch Ihre Erwartungshaltung runtergeschraubt. Geben Sie aber für ein Essen 100 Euro aus, und Sie werden dann enttäuscht, dann steigt die Wahrscheinlichkeit einer Reklamation immens. Einer, der aber vielleicht noch niemals einen Döner gegessen hat, wird diesen für zwei Euro möglicherweise mangels Vergleichsmöglichkeit sehr zu schätzen wissen. Oder pauschal verallgemeinern: „Döner schmecken nicht. So was esse ich nie wieder!"

Häufig ebenfalls problematisch ist es, wenn sich die Führungskraft vorne hinstellt und mit den Verkäufern das Verkaufen trainieren will. Denn die Führungskraft hat in der Rolle des Trainers eine nicht unbedingt für den Trainingserfolg vorteilhafte hierarchische Macht. Das kann dazu führen, dass die Teilnehmer „des lieben Friedens wegen" mitmachen, aber nicht unbedingt starke Lerngewinne mitnehmen. Dies ist unter anderem damit zu erklären, dass jeder Teilnehmer eine spezielle Rolle gegenüber seiner Führungskraft als auch seinen Kollegen einnimmt – bewusst und unbewusst. Bei jungen Menschen im Verkauf mag die Führungskraft durchaus in der Verkaufstrainerrolle hilfreich sein, aber bei gestandenen Verkäufern ist das eher anders. So war das auch schon bei vielen in der Kindheit: Wer will schon von dem großen Bruder oder der älteren Schwester Nachhilfe bekommen? Das ging meistens in die Hose. Nicht, weil der oder die Größere nicht den Inhalt beherrschte, sondern weil es einen Rollenkonflikt zwischen den Geschwistern gab. Auch ist es so, dass in vielen Organisationen der Führungsnachwuchs aus den eigenen Reihen kommt. Manche Kollegen können einfach nicht, auch wenn sie gerne wollen, ihre eventuellen Vorurteile gegenüber ihres neuen Chefs beziehungsweise Trainers ablegen. Vielleicht, weil sie sich benachteiligt fühlen und selbst gerne Führungskraft geworden wären, oder weil sie genau wissen, dass die Führungskraft nicht aufgrund von Leistung, sondern aufgrund von Beziehungen aufgestiegen ist.

Die Beziehung zwischen externen Trainern und den Teilnehmern gestaltet sich meist einfacher als zwischen einer trainierenden Führungskraft.

Aber es kann passieren, dass der Trainer von der Branche, in dem der Auftraggeber unterwegs ist, gar keine Ahnung hat. Hier muss klar geprüft werden, ob dieses nun ein Problem für die Zusammenarbeit darstellen könnte oder nicht. Letztlich wird dies stark davon abhängig sein, welche Inhalte zu vermitteln sind.

**Schauen Sie bei der Auswahl Ihres Trainers genau hin**
- Welche Ausbildungen hat der Trainer im Laufe seiner Berufslaufbahn absolviert?
- Welche beruflichen Stationen hat er durchlebt und was hat ihn zu dem gemacht, was er jetzt ist?
- Welche Spezialisierungen hat der Trainer?
- Welche redaktionellen Beiträge und/oder Bücher hat er publiziert?
- Welche Referenzen hat er?
- Gehört er irgendwelchen besonders relevanten Verbänden oder Organisationen an?
- Was sagt seine Internetseite und/oder seine Imagebroschüre wirklich(!) aus?
- Welche besonderen Verdienste oder Auszeichnungen hat er?
- Wie sieht das Konzept des Trainers aus, um den Lerntransfer sicherzustellen?
- Glauben Sie, dass der Trainer mit seiner Art und Weise wirklich Zugang und Akzeptanz von der Mehrheit aller Teilnehmer finden wird?

Schauen Sie bei Ihrer Recherche unbedingt genau nach. Gute Verkaufstrainer können sich selbstverständlich gut verkaufen. Aber wer so manche Internetseite oder Broschüre von Trainern durchleuchtet, merkt schnell, dass hier viel heiße Luft verkauft wird. Dazu ein paar Denkanstöße:

Reine Ansammlungen von Logos ohne Ansprechpartner angeblich zufriedener Kunden oder Referenzen von beispielsweise „Bernd W. aus S." sollten Sie nachdenklich machen. Wie sollen Sie da bei den Auftraggebern anrufen können, um mit diesen zu sprechen? Reden Sie nicht nur mit den Entscheidern, sondern auch mit den Teilnehmern des Trainings. Denn manche Teilnehmer reiben sich erstaunt die Augen, wie ihre Führungskraft auf der Webseite des Trainers das Training lobt. So kann ich Ihnen eine Geschichte erzählen, wie der Außendienst die Zahl der Neukunden dramatisch nach oben manipulieren musste, nur damit eine gigantische Investition in ein Neukundengewinnungskonzept einer Beratungsfirma intern gerechtfertigt werden konnte. Um den Schein zu wahren, fiel entsprechend positiv die Referenz für die Beratungsfirma aus. Solch ein Insiderwissen können Sie nur dann bekommen, wenn Sie auch mit den trainierten Verkäufern sprechen – und nicht nur mit der Führungskraft.

Falls Sie sich jetzt fragen, wie man denn die Zahl der gewonnenen Neukunden manipulieren kann, hier gleich die Antwort: Sie bitten einen Kunden, der bisher ausschließlich über sein Hauptgeschäft die Ware bezogen hat, die Ware auch ausnahmsweise mal über seine einzelnen Filialen fakturieren zu dürfen. Wenn das Geschäft 25 Filialen hat, haben Sie plötzlich 25 Neukunden in Ihrer Statistik …

Logos von Verbänden, Traineragenturen und Auszeichnungen dokumentieren nicht zwangsläufig Spitzenleistung. Häufig suggerieren sie dem außenstehenden Laien mehr Kompetenz, als ihre Vergabe vom Trainer abverlangte. Manche Trainer heben stolz hervor, dass sie über zahlreiche Traineragenturen angeboten werden. Doch ist beispielsweise eine Immobilie automatisch sehr gut, nur weil sie von zwei oder drei Maklern angeboten wird?

Schauen Sie sich die Logos beziehungsweise deren Inverkehrbringer genau an. Sehr häufig ist – wie so oft im Leben – letztlich nur ein gewisser finanzieller Betrag fällig, um ein solches Logo führen zu dürfen. Darum klicken Sie auf die Organisation, die das Siegel vergibt, um zu erfahren, was ein Trainer machen muss, um dieses führen zu dürfen.

Manch ein Auftraggeber fällt sprichwörtlich rückwärts vom Stuhl, wenn er erfährt, dass alleine 25 Prozent des gesamten Trainerhonorars häufig an eine Traineragentur gehen. Da fragen sich dann einige, ob nicht ein von Traineragenturen unabhängiger Trainer für gleich 25 Prozent weniger Honorar den gleichen Nutzen gestiftet hätte. So manch einem anderen ist dann auch schnell klar, weswegen vorrangig die hochpreisigen Trainer marketingmäßig von Traineragenturen gepuscht und so vermarktet werden, als ob es nur eine Handvoll „guter" Trainer gäbe.

Auch ist es leider durchaus menschlich, dass man zur Erreichung einer besonderen Qualifikation oder eines Zertifikats besondere Anstrengungen unternimmt, aber danach wieder auf ein gewisses „Normalmaß" abrutscht. Deswegen sollte sicherheitshalber niemand davon ausgehen, dass beispielsweise eine vor fünf Jahren vergebene Auszeichnung auch heute noch eine Mindestqualität des Trainers garantiert.

Beachten Sie auch den Lebenslauf. Dieser wird bei vielen nahezu unter Verschluss gehalten. Warum eigentlich? Manch kritischer Mensch würde das vielleicht mit den Worten „Über Erfolg zu reden ist einfacher, als nachweislich erfolgreich zu sein" erklären … Aber was genau ist gemeint mit Allgemeinplätzen wie „sammelte acht Jahre Erfahrung im Verkauf und in der Führung von Mitarbeitern", „war erfolgreicher Geschäftsführer von vier Unternehmen" oder „ist Berater zahlreicher einflussreicher Persönlichkeiten in Wirtschaft und Politik"? Fragen Sie ruhig mal nach, was er denn konkret(!) gemacht hat – und welche Ausbildungen und Seminare er gegenwärtig besucht.

Wenn ein Trainer selbst Veränderungs- und Lernbereitschaft einfordert, sollte er sie selbst auch authentisch vorleben und auch weiterhin regelmäßig in seine persönliche Entwicklung investieren. Also: Fragen Sie mal nach. Und sollten Sie als Antwort eher Worthülsen bekommen, fragen Sie sich bei der Gelegenheit auch, ob ein solcher Trainer Ihnen wirklich nützlich sein kann. Denn ein typisches Problem von vielen Trainern ist: Sie vermitteln seit vielen Jahren die gleichen Inhalte, mit denen heutzutage die Teilnehmer nicht mehr viel anfangen können. Weil jemand mit bestimmten Ideen und Maßnahmen vor zehn Jahren Erfolg hatte, muss diese Vorgehensweise heute nicht zwangsläufig immer noch funktionieren. Darum sollten Sie Trainer meiden, die in den letzten Jahren keine tief greifenden Ausbildungen absolviert haben.

Es gibt dann noch die Kategorie, die den Teilnehmern gegenüber ziemlich unnahbar erscheinen: Sie ziehen einfach „ihren Stiefel" nach dem Motto „friss oder stirb" durch und lassen sich auf mögliche Diskussionen mit den Teilnehmern gar nicht erst ein. Dabei ist nach meiner Erfahrung eine im Rahmen bleibende lösungsorientierte Diskussion wichtig, um etwas besser verstehen und nachvollziehen zu können. Um auch bloß keine persönlichen Beziehungen oder kritische beziehungsweise für den Einzelnen wichtige Fragen aufkommen zu lassen, verschwinden solche Trainer auch gerne in den Pausen. Sie akquirieren beispielsweise lieber am Handy, statt den zahlenden Teilnehmern zur Verfügung zu stehen, die gerne im 4-Augen-Gespräch das eine oder andere Problem noch besprochen hätten. Nach solchen Seminaren hört man von den Teilnehmern oft Sätze wie „Das klingt ja recht gut, was der macht, aber so ein Hardcore-Verkäufer bin ich nicht." oder „Schade, dass da nichts für mich dabei war, aber unterhaltsam war es dennoch". Und was passiert im Verkaufsalltag nach solch einem Training? Genau! Alles weiterhin beim Alten!

Sobald der Trainer über ein umfangreiches Repertoire an Fachwissen, Methodenwissen und kommunikativem Wissen verfügt, wird er flexibel auf das Seminargeschehen eingehen können. Das bedeutet für Sie: Umso umfangreicher der Trainer qualifiziert ist, desto wertschätzender und professioneller wird er das Seminarziel wohl erreichen können. Es gibt manche Weiterbildungsanbieter, die sich auf Branchen spezialisiert haben, andere bieten für alle ihre Mehrwerte an. Sie müssen für sich entscheiden, ob Sie von einem Branchenkenner, der die Sprache in Ihrem Unternehmen und Ihrer Kunden versteht, mehr profitieren können als von einem Seiteneinsteiger. Von Letzterem ist möglicherweise nicht alles umsetzbar, aber Gedanken aus anderen Blickrichtungen können auch sehr befruchtend sein.

Einige Auftraggeber möchten gerne Top-Verkaufstrainer buchen, sind aber nicht dazu bereit, entsprechende Gelder zu bewegen. Doch jetzt mal ehrlich: Wie soll ein Verkäufer von einem Verkaufstrainer lernen, selbstbewusst und mit einer gesunden Hartnäckigkeit hohe Preise durchzusetzen, wenn sein Arbeitgeber selbst ein Pfennigfuchser ist und billige Verkaufstrainer bucht? Lebt nicht sogar ein billiger Verkaufstrainer unbewusst seinen Teilnehmern die Denkhaltung „Wenn die Argumente für die Qualität fehlen, dann geben wir einfach ein bisschen Rabatt" vor? Können wirklich solche Verkaufstrainer generell Verkäufern authentisch helfen, wertschätzend und professionell bessere Preise durchzusetzen, wenn sie es selbst nicht einmal für sich „gebacken" kriegen?

**Stellen Sie Ihren potenziellen Trainern gute Fragen**
- „Was haben Sie früher gemacht und wie sind Sie zu dem geworden, der Sie jetzt sind?"
- „Was war Ihr Motiv gewesen, Trainer zu werden und was macht Ihnen bei Ihrer Arbeit am meisten Freude?"
- „Auf welche Art und Weise vermitteln Sie Ihr Wissen?"
- „Erzählen Sie doch mal, wann Sie gemerkt haben, dass Sie einem Teilnehmer besonders nützlich gewesen sind."
- „Wo würden Sie bei unseren Verkäufern ansetzen, wenn es um die Problematik X geht?"
- „Wie gehen Sie mit Teilnehmern um, die an Ihren Vorschlägen keinen Gefallen finden?"
- „Was können wir gemeinsam tun, um den Lerntransfer zu sichern?"

Viele Unternehmen laden zwei oder drei Trainer zum persönlichen Gespräch ein und entscheiden dann intuitiv, welchen Trainer sie buchen. Machen Sie es besser! Machen Sie sich vorab konkrete Gedanken, welche Ziele der Trainer bei Ihnen im Hause erreichen soll und erstellen Sie einen Anforderungskatalog.

Nachfolgend sehen Sie eine Bewertung von zwei verschiedenen Trainern, welche beide relativ gut abschneiden. In der Praxis werden die Abstände aufgrund eines solchen Bewertungsschemas zwischen Ihren potenziellen Trainern häufig noch größer ausfallen, da es eine Vielzahl von Trainern gibt, aber typischerweise nur eine Minderheit wirklich optimal für Sie und

Ihre Situation geeignet ist. Zuerst werden einzelne Kriterien von Ihnen bestimmt und gewichtet. Während und unmittelbar nach dem Gespräch wird eingetragen, wie gut die Trainer die einzelnen Punkte erfüllen. 100 Prozent werden dann vergeben, wenn Ihre Anforderungen und Erwartungen erfüllt werden oder die Antworten und Ansätze des Trainers Sie überzeugen.

| Fragestellung | Gewichtung | Trainer A | | Trainer B | |
|---|---|---|---|---|---|
| | | in % | Punkte | in % | Punkte |
| Kennt er unsere Branche? | 10 | 100 | 10 | 0 | 0 |
| Versteht er unsere Probleme? | 40 | 100 | 40 | 100 | 40 |
| Ist er selbst Verkäufer gewesen? | 20 | 100 | 20 | 100 | 20 |
| Überzeugen seine Ausbildungen? | 20 | 100 | 20 | 80 | 16 |
| Was hat er veröffentlicht? | 10 | 100 | 10 | 100 | 10 |
| Wie ist seine Trainingserfahrung? | 10 | 60 | 6 | 100 | 10 |
| Wie sind seine Referenzen? | 5 | 40 | 2 | 100 | 5 |
| Wie sind seine Trainingsansätze? | 20 | 80 | 16 | 80 | 16 |
| Welche Inhalte will er vermitteln? | 25 | 100 | 25 | 80 | 20 |
| Mit welchen Medien arbeitet er? | 5 | 100 | 5 | 80 | 4 |
| Wie sichert er den Lerntransfer? | 30 | 80 | 24 | 80 | 24 |
| Ist sein Tagessatz im Budget? | 5 | 100 | 5 | 60 | 3 |
| Ist er authentisch? | 20 | 100 | 20 | 80 | 16 |
| Wie baut er Beziehungen auf? | 10 | 80 | 8 | 90 | 9 |
| Passt er zu unserer Firmenkultur? | 20 | 90 | 18 | 80 | 16 |
| Passt er zum Auftragsthema? | 20 | 100 | 20 | 100 | 20 |
| Passt er zu den Teilnehmern? | 20 | 95 | 19 | 90 | 18 |
| Hat er Vorbildcharakter? | 10 | 90 | 9 | 100 | 10 |
| | | | 277 | | 257 |

Tabelle 4: Mit einer systematischen Bewertung finden Sie leichter die am besten geeigneten Trainer für Ihre individuelle Situation.

Natürlich sind die Festlegung der Auswahlkriterien und deren Bewertung sehr subjektiv. Doch wenn Sie gar nicht systematisch bei der Auswahl vorgehen, wird Ihre Entscheidung deswegen nicht weniger subjektiv sein, sondern eher noch subjektiver. Ebenfalls trägt eine solche Aufstellung dazu bei, dass Sie Ihre Wahrnehmung auf alle für Sie wichtigen Kriterien lenken. Andernfalls könnte es passieren, dass Sie den einen oder anderen Punkt während des Auswahlgesprächs vergessen. Auch können Sie diesen Katalog um wichtige Fragen für zukünftige Bewertungen ergänzen, wenn Sie beim aktuellen Training mögliche Defizite oder entscheidende Stärken erkennen.

Generell kann bei Bewertungen von anderen Menschen vieles schieflaufen. Nicht nur die Führungskraft kann den Verkäufer oder den Trainer falsch einschätzen, sondern auch ein Verkäufer seinen Kunden. Ebenso sind falsche Bewertungen zwischen Trainer und Teilnehmer möglich. Vielleicht haben Sie das schon einmal erlebt. Damit Sie sich darüber mehr im Klaren sind, hier nachfolgend einige typische Phänomene:

**Typische Fehler führen zu Fehlurteilen**
- Gewichtungsfehler, da besonders Ereignisse am Anfang und am Ende des Gesprächs haften bleiben. Aufgrund dieses Phänomens lernen häufig Redner den Anfang als auch den Schluss ihrer Rede auswendig.
- Maßstabfehler, wenn der Wertende seine eigene Leistungsfähigkeit zum Maßstab macht.
- Nivellierungsfehler (Tendenz zur Mitte), um unangenehme Diskussionen und kritische Bewertungen zu vermeiden.
- Der Rosenthal-Effekt beziehungsweise die sich selbst erfüllende Prophezeiung, die eintritt, wenn jemand einem anderen zu wenig zutraut und ihn deswegen zu wenig fordert und fördert.
- Der Halo-Effekt bewirkt, dass dominante Persönlichkeitseigenschaften sowie auffallende Einzelleistungen auf andere Kriterien übertragen werden.

- Der Sympathie- und Antipathieeffekt, welche am wenigsten zu beeinflussen sind.
- Strategische Beurteilung, um einen guten Mitarbeiter/Geschäftspartner zu behalten beziehungsweise sich eines schlechteren Mitarbeiters/Geschäftspartners schneller zu entledigen.

Aufgrund dieser zahlreichen Effekte ist es unerlässlich, dass Sie mehr schriftlich planen und denken. Andernfalls wächst das Risiko, gewisse Dinge auszublenden, zu vernachlässigen oder gar im Nachhinein schönzureden. Damit Sie leichter den passenden Trainer für Ihre individuelle Situation finden, sollten Sie zukünftig Ihre potenziellen Trainer professionell schriftlich bewerten.

## 4.4 Vom Risiko heterogener Gruppen

Einfach mal einen guten Trainer buchen ist zu kurz gedacht, wenn auch sehr einfach. Beispielsweise passiert häufig Folgendes: *Der Gedanke ist sicherlich verlockend: Der Auftraggeber hat vier Teams mit jeweils acht bis zehn Mitgliedern – und nun soll der Trainer doch mal zu allen Teams hinfahren und dort das gleiche Ein-Tages-Training durchführen. Und, welches Problem wittern Sie? Na kommen Sie, welches Risiko liegt in der Luft? Genau: Nur weil es Teams sind, befinden sich die Teilnehmer eines Teams nicht alle auf dem gleichen Level. Das bedeutet, dass der Trainer zwangsläufig mit seinen Inhalten einige Teilnehmer überfordert und andere unterfordert. Er wird sich mit hoher Wahrscheinlichkeit, so wie ein neuer Mitarbeiter im Team auch, der Mitte unbewusst anpassen. Denn da hat er die größte Schnittmenge und somit vermutlich die größte Akzeptanz. Das bedeutet zwangsläufig, dass die „besseren" weniger mitnehmen, als sie gerne wollten und könnten und die „schwächeren" so gut wie gar nichts mitnehmen, denn diese haben meist ganz andere Probleme. Dass dann das Feedback für den Trainer beziehungsweise an den Auftraggeber sehr unterschiedlich ausfallen kann, erklärt sich somit von selbst.*

Machen wir uns nichts vor. Zahlen sind wie Zensuren. Und jeder Verkäufer weiß aufgrund seiner Zahlen, wo er steht. Es wäre somit falsch Rücksichtsnahme seitens des Auftraggebers, wenn er meint, Teams bei den Weiterbildungen nicht „zerreißen" zu dürfen, da man sonst womöglich Einzelne kränken könnte. Da gewöhnlich in jeder Firma Ranglisten zwischen den Verkäufern veröffentlicht werden, wird es wohl kaum einen Verkäufer verwundern, wenn er mit „Gleichgesinnten" beim Seminar sitzt. Schließlich kennt er ja zumindest die anderen Seminarteilnehmer von seinen Nachbarpositionen auf den Ranglisten. Durch möglichst homogene Gruppen kann der zu vermittelnde Stoff optimal auf die Zielgruppe abgestimmt werden, um einen hohen Lerntransfer zu sichern. Die wenigsten Firmen haben sich allerdings damit ernsthaft auseinandergesetzt, wie denn nun aus heterogenen Teams homogene Lerngruppen gebildet werden können. Denn auf eine systematische Erfassung des Bildungsbedarfes als optimale Voraussetzung zur Bildung von Lerngruppen wird leider häufig verzichtet. Teilweise mangels Budget, teilweise auch aus Angst, zu hohe Erwartungen bei den Mitarbeitern zu wecken. Die Konsequenz ist, dass in diesen Fällen gerne Standardtrainings eingekauft werden, um wenigstens überhaupt etwas zu machen.

Sollte das Unternehmen aber nur über beispielsweise zehn Verkäufer verfügen, ist natürlich die Einteilung der Verkäufer nach Leistungsgruppen weiterhin möglich – aber nicht unbedingt kurzfristig wirtschaftlich sinnvoll. Man könnte überlegen, ob nicht beispielsweise die „schwächeren" Verkäufer vorab ein extra Training besuchen, sodass die gesamte Gruppe später auf einem vergleichbaren Level ist. Denkbar ist auch, dass die Teilnehmer für bestimmte Sequenzen in zwei Räume aufgeteilt werden, wo jede Gruppe für sich die Lerninhalte für eine unterschiedliche Situation aufbereitet. So könnten zuerst alle gemeinsam Informationen und Tipps zum Thema Gesprächseinstieg, Nutzenformulierung und Schaffen von Verbindlichkeit beim Kunden bekommen. Daraufhin teilt sich die Gruppe auf. Die einen transferieren das Wissen aus dem Seminar in ein Konzept zur Neukundenansprache, die anderen in ein Konzept zur Einführung eines neuen Produktes. Anschließend stellen beide Gruppen jeweils ihr Konzept der anderen vor, ergänzen es gegebenenfalls um weitere Anregungen und nehmen die Erkenntnisse dann mit in ihren Verkaufsalltag. Ein paar Wochen später tauschen sich dann alle über ihre Erfahrungen aus und überarbeiten ihre Konzepte erneut. Gerade von den Präsentationen der Lösungskonzepte profitieren alle Teilnehmer sehr, da sie zum einen Lösungen für ihre Praxis bekommen, zum anderen aber aufgrund der vorherigen Gruppeneinteilung nur dort intensiv mitgemacht haben, wo sie gefordert aber nicht überfordert wurden.

Schließlich ist stets daran zu denken, dass auch die Besten mit Trainings nicht gelangweilt werden dürfen. Und ein Verkäufer, der stets überdurchschnittliche Produkteinführungen vorweisen kann, wird bei einem Seminar, welches ihm persönlich wenig bringt, ungern positiv unterstützend und motiviert mitmachen.

> **Merke**
>
> Umso ähnlicher die Ausgangslage der Teilnehmer ist, desto größer wird der Seminarerfolg sein.

Die größte Herausforderung besteht darin, dass viele wertvolle Inhalte von Seminaren schnell wieder vergessen werden – oder aber nie zur Anwendung kommen. Denn welcher Verkäufer wird abstreiten, dass er nicht weiß, dass es besser ist, wenn der Kunde mehr redet, als er selbst, dass er mehr Fragen stellen sollte oder er mit hoher Wahrscheinlichkeit eine gute Produkteinführung hinlegen wird, wenn es ihm gelingt, den klaren Mehrwert für den Kunden zu kommunizieren? Doch wie viele Verkäufer tun das wirklich?

Eine entscheidende Voraussetzung für den generellen Erfolg mit Mitarbeitern ist eine qualitative Personalstruktur. Diese kann nur durch eine passende Personalauswahl und -entwicklung realisiert werden. Um es ein wenig überspitzt zu sagen: Niemand kann aus Eseln Rennpferde machen. Wenn also unmotivierte, verschlossene und unqualifizierte Verkäufer vorrangig eingestellt werden (vielleicht aus Zeit- oder Kostengründen), ist das mit der Mitarbeiterentwicklung ein sehr langer und zäher Prozess. Falls nun manche Führungskräfte glauben, dass das Buchen von „Tschaka-Du schaffst es"-Trainern reicht, sind Enttäuschung und der weitere Misserfolg vorprogrammiert. Und Druck mag zwar Diamanten entstehen lassen, aber nicht zwangsläufig auch bessere Mitarbeiter.

> **Praxistipp**
>
> Achten Sie schon bei der Personalauswahl auf die Einstellung des neuen Mitarbeiters gegenüber regelmäßiger Weiterbildung.

Manche Verkäufer haben einfach eine geringe Frustrationstoleranz und Selbstreflexionsfähigkeit. Wenn eine neue Verkaufstechnik, eine spezielle Formulierung oder gar eine komplett neue Vorgehensweise nicht gleich im Verkaufsalltag funktioniert, fallen viele lieber auf die „bewährte" beziehungsweise bisherige Vorgehensweise zurück. Dass diese bisherige Vorgehensweise nicht unbedingt zu besseren Verkaufsresultaten führt, macht jenen Verkäufertypen wenig aus. Denn immerhin müssen sie sich dann nicht verändern, und das ist ja auch um einiges bequemer. Viele Menschen wollen gerne ihre Mitmenschen verändern, aber bloß nicht sich selbst. Das trifft auch auf viele Verkäufer zu. Wie kommen eigentlich solche Verkäufer darauf, von ihren Kunden zu verlangen, sie sollen doch dieses oder jenes mal testen (also offen sein für Veränderung und Verbesserung), wenn sie es selbst nicht einmal vorleben?

Wissen, das anscheinend vorhanden ist, dennoch nicht zur Anwendung in der jeweiligen Situation kommt, wird mit dem Begriff „träges Wissen" umschrieben.

**Es gibt verschiedene Gründe für „träges Wissen"**
- Lässt die Struktur der Unternehmung eine andere Handlungsweise vielleicht gar nicht zu?
- Hat der Mitarbeiter selbst gar keine Motivation oder Interesse an einer Veränderung?

- Sorgen Ängste oder mangelndes Selbstbewusstsein dafür, dass Neues nicht ausprobiert wird?
- Fehlen vielleicht noch Wissensfragmente, die schlussendlich zu Hemmungen bei der konsequenten Umsetzung führen?

Je höher die Identifikation des Mitarbeiters mit dem Unternehmen ist (Commitment), desto höher ist auch die Wahrscheinlichkeit, dass das Wissen umgesetzt wird. Des Weiteren ist die Motivation und Identifikation der Mitarbeiter (Wollen) von hoher Wichtigkeit. Denn die Selbstmotivierung zeigt stets eine kräftigere und längere Wirkung als jede Art der Fremdmotivierung. Im Umkehrschluss führt mangelndes Interesse zu einem geringen Lernerfolg.

Manche Mitarbeiter sind auch enttäuscht, weil sie sich Weiterbildung wünschen, ihr Arbeitgeber diese aber nicht anbietet.

**Nach Lutz von Rosenstiel ist das Verhalten der Menschen von vier Einflussfaktoren abhängig:**
- Soziales Dürfen und Sollen (Normen und Regelungen)
- Individuelles Wollen (Motivation und Werte)
- Situative Ermöglichung (hemmende oder fördernde äußere Umstände)
- Persönliches Können (Fähigkeiten und Fertigkeiten)

Das bedeutet, dass das Verhalten letztlich nicht nur vom Wollen des einzelnen Seminarteilnehmers abhängig ist, sondern auch von seinen persönlichen Fertigkeiten, der situativen Ermöglichung als auch letztlich dem Dürfen und Sollen. Hat also ein Teilnehmer gar keine Chancen, das Wissen aus dem Seminar zeitnah anzuwenden, dann wird es schnell in Vergessenheit geraten.

Daher muss im Hinblick auf den Erfolg einer Trainingsmaßnahme auch darauf geachtet werden, dass das Trainingsziel mit den geschriebenen und ungeschriebenen Organisationszielen übereinstimmt. Außerdem müssen die Rahmenbedingungen der Organisation eine Umsetzung des Erlernten überhaupt ermöglichen. Wenn die Geschäftsleitung also verlangt, dass neue Kunden gewonnen werden sollen, dann muss auch für die Neukundengewinnung wirklich Zeit vorhanden sein. Sollte aber beispielsweise das Callcenter, welches Termine bei den Bestandskunden für den Außendienst macht, den gesamten Arbeitstag des Verkäufers über Wochen hinweg mit Bestandskundenterminen verplanen, wird nichts aus der Neukundengewinnung. Das klingt beim Lesen logisch, in der Realität werden jedoch viele Verkäufer durch Umsatzdruck so getrieben, dass sie sich einfach nicht die Zeit für die Neukundengewinnung nehmen können (oder wollen?). Denn bis von beispielsweise fünfzig besuchten Wunschkunden wirklich Umsatz kommt, vergehen häufig Monate bis hin zu Jahren. Da klappern dann viele lieber ihre Bestandskunden ab, machen dort eventuell das Lager über Gebühr voll – haben dann aber wenigstens abends etwas auf dem Auftragsblock stehen. Die wenigsten Führungskräfte hätten auch bei sehr umsatzgetriebenen Unternehmenskulturen Verständnis, wenn einzelne Verkäufer ein oder zwei Tage draußen „herumfahren", aber keine Umsätze generieren. Doch Neukundengewinnung bringt in der Regel kurzfristig keinen Umsatz. Wenn aber Erfolg nur über Umsatz definiert wird, gibt es ein Problem. Gegebenenfalls muss hier die Verkaufsleitung nicht nur zur Neukundengewinnung auffordern, sondern auch Tage mit geringen beziehungsweise keinen Umsätzen aufgrund von Gewinnungsaktivitäten erlauben (Dürfen und Sollen). Natürlich können statt an einem Tag ausschließlich Wunschkunden auch potenzielle Neukunden während der normalen Tagestour besucht werden. Beispielsweise zehn bestehende Kunden und zwei Wunschkunden. Wichtig aber ist, dass das auch jeden Tag üblich ist.

Die erworbenen Fähigkeiten setzt jeder Mitarbeiter unterschiedlich schnell um, weil es „Langsame" und auch „Spätzünder" gibt. Manchmal erfolgt die Umsetzung erst aufgrund eines bestimmten Ereignisses, wie beispielsweise durch Impulse seitens Kollegen, Vorgesetzten oder Kunden. Diese Art des Impulses kennen auch viele Übergewichtige oder Raucher. Sie wissen genau, dass ihr derzeitiges Verhalten gesundheitsgefährdend ist. Erst wenn der Arzt seinem Patienten einen Schuss vor den Bug gibt, vielleicht mit den sinngemäßen Worten „Wenn Sie so weitermachen wie bisher, sind Sie in zwei Jahren tot!", sind viele zu einer schlagartigen Verhaltensänderung bereit. So hat auch manch ein Verkäufer bereits gemerkt, dass wenn er weiterhin so schlecht verkauft wie bisher, er seinen Lebensstandard nicht halten wird. Bevor sein Leben also schlechter wird, überlegt so mancher doch, wie er mehr Umsätze einfahren kann. Andere kommen plötzlich auf dem Pfad des Gelingens, weil sie erste Erfolge bemerken und es plötzlich bei ihnen im Kopf „klick" macht oder sie „Blut geleckt" haben.

Anscheinend laden umfangreiche Teilnehmerunterlagen viele Seminarteilnehmer dazu ein, weniger mitzuschreiben sowie mitzumachen, weil sie glauben, alles nun in komprimierter Weise vorliegen zu haben. Teilnehmerunterlagen sollten den Ablauf von Seminaren unterstützen, indem die Teilnehmer eigenständig schriftlich denken und planen. Dennoch sollte nicht vergessen werden, dass die meisten Teilnehmer diese zu Hause sowieso ins Regal stellen oder in eine Schublade legen – und nie wieder herausholen. Deswegen ist grundsätzlich zu entscheiden, wie Teilnehmerunterlagen mehr in den Trainings- als auch Verkaufsalltag einbezogen werden können – oder man möglicherweise sogar ganz auf sie verzichtet und die Verkäufer sich mit den individuellen Mitschriften begnügen.

Wenn die Verkäufer nicht mit individuellen Formulierungen, Skripten und Konzepten in den anschließenden Verkaufsalltag gehen, bleibt die Umsetzung meist ein frommer Wunsch. Leider denken viele Verkäufer sehr kurzsichtig: Statt sich regelmäßig ein wenig Zeit zum Lernen und Denken freizuschaufeln, um dann besser verkaufen zu können, fahren viele viel lieber gleich wieder von Interessent zu Interessent, um Umsatz zu machen. Die logische(?) Rechtfertigung: „Wenn ich meine Umsätze nicht schaffe, bekomme ich Ärger und weniger Geld! Und für Büroarbeit werde ich nicht bezahlt!"

Da sind wir dann auch gleich wieder bei den Rahmenbedingungen. Denn es wäre ja auch ein bisschen zu einfach, ausschließlich dem Verkäufer und dem Trainer die Verantwortung für den Lernerfolg zu geben. Es gibt Firmen, die schaffen es, eine Kultur aufzubauen, bei der sich nahezu jeder Mitarbeiter schlecht fühlt, wenn er nicht arbeitet. Zu hohe Arbeitsbelastung, Druck und fehlendes oder unkonkretes regelmäßiges Feedback seitens der Führungskraft helfen ebenfalls dem Verkäufer nicht, aus dem „alten Fahrwasser" herauszukommen.

Auch ist es sehr fragwürdig, wenn die Führungskraft vom Verkäufer bereits an den Folgetagen direkt nach dem Seminarbesuch Höchstleistung verlangt. Denn wie soll dann der Mitarbeiter genügend Zeit zum Reflektieren der Kundengespräche haben? Zeit für Reflexion ist notwendig, um neue Verhaltensweisen zunehmend in den Alltag zu integrieren. Sehr hilfreich ist es, wenn die Führungskraft genauso wie der Trainer lebenslanges Lernen vorlebt. Wie sonst kann denn auch eine Führungskraft von seinem Mitarbeiter Veränderungsbereitschaft und Offenheit für Neues einfordern, wenn sie selbst die Denkhaltung vorlebt, dass sie „die Weisheit mit Löffeln" gegessen hat?

Es muss insgesamt in der Unternehmung ein positives Lernklima geben. Das Besuchen von Seminaren sollte in der Wahrnehmung des Kollegenkreises eine Auszeichnung und Bereicherung darstellen. Wenn aber der Gedankengang „Verdammt, schon wieder muss ich einen Tag beim Seminar herumsitzen. Ich habe doch Besseres zu tun!" üblich ist, dann ist das ein erhebliches Problem. Auch ist es wenig nützlich, wenn die Führungskraft seinen Mitarbeiter zu einem Seminar mit den Worten „Diese zwei Tage müssen Sie noch machen. Dann haben Sie es geschafft. Ich halte von den Trainings auch nichts, aber sie sind nun einmal Vorschrift!" schickt.

Letztlich ist die Qualifikation von Mitarbeitern (Können) zu sichern. Die Führungskraft, die Unterstützung des Personalmanagements benötigt, übernimmt die Verantwortung, ihre Mitarbeiter zu qualifizieren, beispielsweise durch strukturierte Mitarbeitergespräche oder Coaching am Arbeitsplatz. Häufig entlasten Verkaufstrainer die Führungskräfte und begleiten die Verkäufer oder führen Coachinggespräche.

**Der Seminarerfolg hängt von jedem einzelnen Teilnehmer ab**
- Das derzeitige Können des Verkäufers beeinflusst entscheidend den Lerntransfer.
- Wie ist die Persönlichkeitsstruktur des Teilnehmers? Gewissenhaftigkeit, Offenheit für Neues oder auch die grundsätzliche Denkhaltung? Letztere ist bei manchen „Erst einmal abwarten und Tee trinken!" und bei anderen „Prima. Wo kann ich das gleich mal ausprobieren?"
- Die Identifikation mit der Arbeit und der Glaube an sich selbst sind ebenfalls nicht zu unterschätzen.
- Manche Teilnehmer wissen gar nicht, dass die Umsetzung der Seminarinhalte von ihnen erwartet wird (daher ist die Lernzielvereinbarung so wichtig).
- Die Angst, sich vor Kollegen oder Vorgesetzten beim Training zu blamieren, kann ebenfalls den Seminarerfolg gefährden.

## 4.5 Ermitteln Sie den konkreten(!) Bildungsbedarf

Für ein nachhaltiges Trainingskonzept ist es unverzichtbar, vorab die Stärken und Schwächen der Teilnehmer zu kennen. Daraus ist abzuleiten, in welchen Bereichen der einzelne Teilnehmer konkret Hilfestellung nötig hat. Deswegen müssen Führungskräfte sich nicht nur bei der Transfersicherung, also der Übertragung von Erkenntnissen aus dem Seminarraum in den Verkaufsalltag, einbringen, sondern auch bei der Bedarfsanalyse.

**Leitfragen zur Ermittlung des Bildungsbedarfs sind:**
- Welche Aufgaben haben die Verkäufer zu erfüllen?
- Welche Anforderungen müssen erfüllt sein, damit diese Aufgaben optimal erfüllt werden können?

- Welche Qualifikationen sind dafür Voraussetzung?
- Auf welche Art können diese Qualifikationen erworben werden?
- Welche Potenziale liegen bei den Verkäufern vor?

Einige Informationen können beispielsweise über ein Interview zwischen Personal- oder Verkaufsleitung mit den Verkäufern gewonnen werden. Ebenfalls können Beobachtungen bei Mitfahrten und Rollenspielen gut die Stärken und Schwächen von Verkäufern aufzeigen.

Es ist sinnvoll, diese Fremdbeurteilungen mit einer Selbstbeurteilung des Verkäufers abzugleichen. Denn Vorgesetzte vergleichen eher mit anderen Verkäuferkollegen. Und da können Selbstbeurteilungen sehr aufschlussreich sein. Auch wenn sie im Schnitt etwas positiver ausfallen, sind sie dafür differenzierter. Zusätzlich geben sie Auskunft darüber, wie eine Person sich selbst bewertet. Somit ist eine Selbstbeurteilung eine wertvolle Ergänzung zur Fremdbeurteilung. Diskutieren Sie dann bloß nicht mit dem Mitarbeiter, wie er auf die Idee kommt, sich eine Zwei zu geben, wenn Sie als Führungskraft ihm eine Drei gegeben haben. Denn wenn sein Selbstbild so ist, dann ist es interessant, dieses zu erfahren. Der Verkäufer soll ehrlich bei Bewertungen sein und nicht überlegen, welche strategischen Bewertungen ihm nun helfen, mit der Führungskraft übereinzustimmen, um mögliche lästige und unangenehme Diskussionen zu vermeiden.

Die Fremd- als auch die Selbstbeurteilung dient dazu, sie mit dem Anforderungsprofil der Stelle des Verkäufers abzugleichen und die Entwicklungsbereiche zu definieren.

Die Einteilung von Lerninhalten beziehungsweise des Entwicklungsbedarfs nach „dringend notwendig", „nützlich" und „unnötig" oder „hoch", „mittel", „gering" und „kein Bedarf" soll Ihnen ein klares Bild geben.

|  | Bildungsbedarf | | | |
| --- | --- | --- | --- | --- |
|  | Hoch | Mittel | Gering | Kein Bedarf |
| **Fachkompetenz** | | | | |
| Produktwissen | | | | |
| Wissen, Markt, Branche | | | | |
| Umgang mit Software | | | | |
| Umgang mit Konditionen | | | | |
| Betriebswirtschaftliches Wissen | | | | |
| **Methodenkompetenz** | | | | |
| Rhetorik | | | | |
| Verhandlungsführung | | | | |
| Präsentationstechniken | | | | |
| Umgang mit Einwänden | | | | |
| Organisation | | | | |
| **Sozialkompetenz** | | | | |
| Kommunikationsfähigkeit | | | | |
| Kooperationsfähigkeit | | | | |
| Argumentationsfähigkeit | | | | |
| Kundenorientierung | | | | |
| Hilfsbereitschaft | | | | |
| **Persönliche Kompetenz** | | | | |
| Kritikfähigkeit | | | | |
| Kreativität | | | | |
| Beurteilungsvermögen | | | | |
| Entscheidungsfreude | | | | |
| Begeisterungsfähigkeit | | | | |

Tabelle 5: Ermitteln Sie vor der Trainingsdurchführung den Bildungsbedarf.

Selbstverständlich ist die Gestaltung der Lerninhalte abhängig von der Zielgruppe und Ihrer Firmenphilosophie. Denkbar wäre, dass Verkäufer ausschließlich nach ihren Fertigkeiten beziehungsweise Entwicklungsbereichen in den Kategorien
- Gesprächseinstieg,
- Nutzenformulierung,
- Einwandbehandlung,
- Preisverhandlung,
- Abschlusssicherheit,
- Gesprächsvor- und nachbereitung,
- Terminvereinbarung,
- Neukundengewinnung,
- Reklamationsbearbeitung,
- Kundenergründung und
- Angebotserstellung

überprüft werden.

Natürlich ermöglichen Schlagworte wie „Preisverhandlung" einen großen Interpretationsspielraum. Es ist von Ihren Zielen und Ansprüchen abhängig, was Sie unter „Preisverhandlung" verstehen, um daraus zu schließen, dass hier Trainingsbedarf vorliegt – oder nicht. Damit möglichst alle Beteiligten bei der Selbst- und Fremdbewertung diese annähernd gleich interpretieren, könnten diese Begriffe um zwei oder drei Beispiele ergänzt werden. Denkbar wären Konkretisierungen wie „Kann mindestens drei Mal Rabattforderung abwehren, ohne dass die Beziehung zwischen Kunde und Verkäufer gestört wird", „Lässt sich vom Kunden nicht erpressen und gibt Rabatte nur innerhalb der Kalkulationsvorgaben" und „Wenn es einen Preisnachlass gibt, wird auch sofort der Auftrag gemacht".

| Merke |
|---|
| Die vorherige Ermittlung des konkreten Lernbedarfs hilft entscheidend dabei, zielgerichtet die Teilnehmer zu fördern und zu entwickeln. |

Die Ergebnisse sollten zur besseren Veranschaulichung in ein Soll-Ist-Profil eingetragen werden. Manche Unternehmen ergänzen dieses Profil noch um einen Kann-Wert (also wo müsste der Mitarbeiter eigentlich aufgrund seiner Qualifikationen liegen?) und um einen Will-Wert (für wie wichtig hält der Verkäufer selbst eigentlich diese Eigenschaft?). Sie werden merken, dass häufig der Ist-Wert mit dem Will-Wert bereits übereinstimmt.

Doch es ist wenig sinnvoll, ausschließlich den Lernbedarf zu ermitteln. Fragen Sie die zukünftigen Teilnehmer auch, welche Wünsche und Erwartungen diese an die Trainingsmaßnahmen stellen. Wünsche der Teilnehmer können bestimmte Trainingsmethoden (zum Beispiel: Rollenspiele, Videoaufzeichnungen beziehungsweise keine Rollenspiele und keine Videoaufzeichnungen), Rahmenbedingungen (zum Beispiel: Dauer des Trainings, Pausenzeiten) und Inhalte (zum Beispiel: Fallbeispiele, Diskussionen) sein. Umso mehr die Erwartungen der Teilnehmer erfüllt werden, desto höher ist die Wahrscheinlichkeit, dass das Training seinen Zweck erfüllt. Es empfiehlt sich, bereits vor dem Training die Teilnehmer über Ziele, Inhalte und Methoden zu informieren und sie für das Training zu motivieren. Letztlich sollen Ihnen die Ermittlung des Lernbedarfs als auch die Kenntnisse um die Wünsche der Teilnehmer helfen, ein Seminarkonzept mit dem Trainer zu entwickeln, das ankommt. Sie kennen ja sicherlich das Sprichwort mit dem Angler und dem Wurm ... Und es ist nun einmal so, dass nicht alles gut ankommt, was man gut meint.

> **Praxistipp**
>
> Ausschließlich defizitorientiert sollten Trainingsmaßnahmen niemals sein, da es für die Unternehmensentwicklung von Bedeutung ist, auch die Besten mithilfe geeigneter Trainingsmaßnahmen weiterzuentwickeln. Außerdem wird so der Gefahr vorgebeugt, dass diese sich wegen Unterforderung langweilen und sich womöglich nach neuen Arbeitgebern umsehen.

## 4.6 Damit jeder weiß, was zu tun ist: Vereinbaren Sie Lernziele

Die Führungskraft sollte mit jedem Mitarbeiter vor Seminarbeginn einzelne Lernziele schriftlich formulieren. Das schafft Verbindlichkeit und alle Beteiligten wissen, was erwartet wird. Es versteht sich von selbst, dass Lernziele so formuliert werden müssen, dass sie keinen Interpretationsspielraum zulassen, denn eindeutige Lernziele geben allen Beteiligten eine Orientierung (worum geht es und worauf kommt es an?), Motivation (jeder weiß, worum es geht und hat ein Ziel vor Augen) sowie bei der Erreichung ein Erfolgserlebnis.

Bei der Bildung von Lernzielen ist darauf zu achten, dass die Führungskraft diese nicht vorgibt beziehungsweise dem einzelnen Verkäufer aufdrängt, sondern dass sich beide im Dialog wertschätzend und verbindlich darauf einigen. Denn wenn es nicht die Ziele des Verkäufers sind, dann ist die Gefahr groß, dass der Verkäufer sich nicht mit diesen identifiziert, das Seminar nur absitzt und alles beim Alten belässt. Daher müssen die Ziele realistisch sein und vom Mitarbeiter als notwendig und richtig anerkannt werden können. Auch dürfen nicht zu viele Lernziele auf einmal vereinbart werden, da sonst womöglich nur die leichtesten erledigt werden oder aber der Mitarbeiter ohne böse Absicht den Überblick verliert. Aber jedem Verkäufer muss auch klar sein, dass eine Entwicklung von ihm zu verlangen ist. Wenn ein Verkäufer beispielsweise jedes Jahr fünf neue Kunden gewinnt, und das vielleicht auch schon über fünf Jahre, dann ist das sicherlich gut und zeigt Kontinuität – aber nicht zwangsläufig Verbesserung und Entwicklung. Aber ohne zunehmende Verbesserung ist Unternehmenswachstum nur schwer möglich. Darum sind qualifizierte Verkäufer und professionelle Bildungskonzepte so wichtig.

Nachfolgend zur Anregung ein paar beispielhafte Zielformulierungen. Sie müssen selbstverständlich in einem engen Zusammenhang mit den Seminarinhalten stehen. Ferner sollten es nicht unbedingt Jahresziele sein, sondern eher Monats- beziehungsweise Quartalsziele, damit Wissen zeitnah umgesetzt wird:

**Es gibt viele Möglichkeiten, Lernziele zu vereinbaren**
- Senkung der durchschnittlichen Rabattquote von X Prozent auf Y Prozent bis zum 31.12.2012.
- Rückführung der Rabatte bei Kundengruppe D von X Prozent auf Y Prozent bis zum 31.12.2012.
- Gewinnung von fünf neuen Kunden mit einem Mindestumsatz von X Euro bis zum 31.12.2012.
- Erhöhung der durchschnittlichen Auftragshöhe von bisher X Euro auf Y Euro bis zum 31.12.2012.
- Zusätzlicher Verkauf des Produktes B bei allen Kunden, die Produkt A bereits kaufen, bis zum 31.12.2012.
- Gewinnung von siebzig Kunden bis zum 31.12.2012, die die Innovation des Jahres „Alpha" kaufen.

Es versteht sich von selbst, dass sich nach der Vereinbarung die Führungskraft nicht zurücklehnen darf, sodass der Verkäufer sich selbst überlassen bleibt. Die Führungskraft muss am Ball bleiben, um zu überprüfen, ob der Mitarbeiter auf Kurs ist, um gegebenenfalls Gegenmaßnahmen einzuleiten. Wenn erst der Abrechnungstag Anlass ist, die gemeinsame Zielvereinbarung zu thematisieren, dann läuft da etwas nicht richtig. Das wäre so ähnlich, als wenn Sie mit einem Kunden einen großen Jahresabschluss festhalten und dann nach Ablauf des Geschäftsjahres sagen „Wieso haben Sie eigentlich nur 70 Prozent des vereinbarten Umsatzes gemacht? Da hätten Sie schon ein bisschen mehr kaufen müssen. Nun kürzen wir den vereinbarten Bonus selbstverständlich um 85 Prozent!"

Sollten Ziele nicht erreicht werden, ist gemeinsam zu ermitteln, ob möglicherweise diese Ziele wirklich nicht erreichbar waren und was die tatsächlichen Gründe für das Ergebnis sind. Gegebenenfalls ist ein nicht erreichtes Ziel leicht verändert erneut zu vereinbaren oder die Teilnahme am Training zu wiederholen. Ebenfalls sollte es eine Rückmeldung an den Trainer geben, damit dieser gegebenenfalls das Training modifiziert.

Die Aufgabe des einzelnen Verkäufers ist es, sich mit seinen Lernzielen regelmäßig zu beschäftigen. Dazu gehört es auch, diese Ziele in einzelne Maßnahmen hinunterzubrechen. Ist beispielsweise vereinbart worden, dass zehn neue Kunden innerhalb von sechs Monaten zu finden sind, die jeweils einen Umsatz von mindestens 5.000 Euro machen, könnte sich der Mitarbeiter vorher konstruktive Fragen stellen:

> **Praxistipp**
>
> Beantworten Sie sich beispielsweise folgende Fragen, wenn Sie neue Kunden gewinnen wollen:
> - Woher bekomme ich Adressen potenzieller Abnehmer her?
> - Mit welchem Konzept will ich diese erreichen?
> - Wie viele potenzielle Abnehmer müsste ich ansprechen, damit unterm Strich mindestens so viele Kunden „hängen" bleiben, wie ich benötige?
> - Wie viel Zeit wird vom Erstgespräch bis zum gewünschten Mindestumsatz vergehen?
> - Wie gehe ich konkret vor?
> - Was muss ich dafür konkret pro Monat, pro Woche und pro Tag tun?

Das Problem vieler Menschen ist, dass sie nicht anfangen, weil sie das Ziel für zu anspruchsvoll halten. Daher schieben sie die Arbeit immer weiter auf. Doch, so wie man einen großen Elefanten essen kann, wenn man nur die Stücke klein genug schneidet, so kann man im Verkaufsalltag auch durchaus zahlreiche große Ziele schaffen. Die dafür erforderlichen Aufgaben müssen nur klein beziehungsweise realistisch genug sein. Fangen Sie an, regelmäßig daran zu arbeiten und fragen Sie sich immer wieder „Wenn ich weiter so mache wie bisher – erreiche ich wirklich mein Ziel?" Die Führungskraft sollte den Mitarbeiter dabei unterstützen, am Ball zu bleiben. Denn es versteht sich von selbst: Wenn der Verkäufer nicht entschlossen das Ziel in Angriff nimmt und daran arbeitet, wird nichts daraus. Häufig ist eine intensive Unterstützung nur am Anfang notwendig. Nämlich so lange, wie sich der Verkäufer mit der neuen Aufgabenstellung noch nicht wohlfühlt und diese als Belastung statt als Bereicherung empfindet. Sobald ein Mitarbeiter Freude durch erste Erfolge spürt, geht es meist nahezu von alleine weiter. Das ist wahrscheinlich auch der Grund, weswegen „gute" Mitarbeiter meistens immer besser werden, während die „schwachen" immer schwach bleiben.

Erste mögliche Wege, wie Lernziele zu erreichen sind, sollten von dem Mitarbeiter auch schon vor Seminarbeginn selbstständig erarbeitet werden. Denn durch die ernsthafte Beschäftigung mit Lösungswegen ergeben sich häufig viele Fragen – Fragen, die dann während des Seminars beantwortet werden können. Sollte sich der einzelne Teilnehmer erst nach dem Seminar mit einem Konzept zur Umsetzung der Lernziele beschäftigen, ist die Gefahr groß, dass dieser plötzlich vor Fragestellungen und Aufgaben steht, die er alleine kurzfristig nicht beantworten kann. Das Stellen von lösungsorientierten Fragen vor dem Seminar richtet die Aufmerksamkeit des Fragestellers auf Antworten, die er womöglich sonst während des Trainings gar nicht mitbekommen hätte – oder nicht erfragen würde.

Es versteht sich von selbst, dass die Lernziele rechzeitig dem Trainer mitgeteilt werden sollten. Bei der Gelegenheit kann dieser mit der Geschäfts-, Verkaufs- oder Personalleitung erste praktikable Wege besprechen, die daraufhin auch umgesetzt werden dürfen. Denn es passiert nicht allzu selten, dass der Trainer sehr gute Ansätze hat, die Teilnehmer diese toll finden und umsetzen wollen – aber die Geschäftsleitung diesen Weg nicht entschlossen mitgehen will.

## 4.7 Belohnen Sie die erfolgreiche Umsetzung der Seminarinhalte

Mithilfe von Zielprämien und/oder Zielprovision im Rahmen von Lernzielvereinbarungen kann deren Erreichung entscheidend unterstützt werden. Jeder soll sehen, dass sich Veränderungen und Einsatz lohnen und das sollten Sie honorieren!

Allein wegen Ruhm und Ehre werden die wenigsten Mitarbeiter durch den Schmerz der Veränderung gehen, der zwangsläufig erforderlich ist, wenn alte Gewohnheiten durch Seminarinhalte ausgetauscht werden sollen. Es muss für jeden Mitarbeiter zeitnah spürbar sein, dass sich die kritische Auseinandersetzung mit sich selbst lohnt. Manch einer wird jetzt vielleicht einwenden, dass ein Verkäufer, der beispielsweise Umsatzprovision bekommt, automatisch davon profitiert, wenn er aufgrund von Lernen und Umsetzen mehr verkauft. Die Frage ist allerdings: Wenn alle Verkäufer wirklich so denken würden, müssten nicht dann alle Verkäufer Seminarjunkies und Spitzenverkäufer sein? Auch könnte man ja sagen, dass selbst die Verkäufer, die schon über Jahre hinweg die „rote Laterne" tragen, zur Arbeitsplatzsicherung ein natürliches Interesse an Weiterbildung und Umsetzung der Inhalte haben sollten. Dennoch habe ich eher den Eindruck, dass diese sich häufig an ihre Situation gewöhnt haben und sich mit weniger als Mittelmäßigkeit zufriedengeben. Warum sollten sie sich also dann aufraffen, mit neuem Schwung neue Dinge im Verkauf möglich zu machen, wenn es bisher komfortabel auch ohne Anstrengung ging?

Anscheinend denken wohl viele Verkäufer anders. Ob eine solche Kurzsichtigkeit nun naiv ist oder nicht, soll jetzt nicht weiter diskutiert, aber dennoch berücksichtigt werden. Belohnen Sie Erfolge und positive Veränderungen spürbar zeitnah, sodass bei jedem Verkäufer die Botschaft „Wenn du dich engagierst und aktiv bist, dann lohnt es sich umgehend für dich!" ankommt.

Ein Hinweis noch kurz zu einer beliebten „Währung" so mancher Unternehmen, den Punkten: Viele Mitarbeiterverantwortliche gehen dazu über, statt Geld lieber Punkte bei einer gewissen Leistung zu vergeben. Am Jahresende wird dann überprüft, wer wie viele Punkte aufgrund seiner verkäuferischen Leistungen gesammelt hat. Die Besten werden dann entsprechend belohnt. Da typischerweise bei solchen Punktevergabesystemen die große Mehrheit der Verkäufer leer ausgeht, versteht es sich von selbst, dass das Anreizsystem Punkte zur Erfüllung von Lernzielvereinbarungen ebenfalls nicht geeignet sein kann. Sie sind für viele Verkäufer nicht greifbar und attraktiv genug.

| Merke |
| --- |
| Verkäufer, die sich entwickeln, müssen mit mehr als nur mit Punkten belohnt werden. |

Nachfolgend ein paar einfache Ideen, wie Sie Verkäufer motivieren, die Umsetzungswahrscheinlichkeit eines Produkteinführungsseminars zu erhöhen:
- Es gibt pro verkauftem Produkt eine Stückprämie.
- Es gibt pro gewonnenem Kunden eine Prämie.
- Es gibt definierte Umsatzschwellen für jeden Verkaufsbezirk, beispielsweise 10.000 Euro, 15.000 Euro und 20.000 Euro, die bei Erreichung mit dem neuen Produkt (Absatzwert) prämiert werden.

Diese drei vorgeschlagenen Modelle haben alle den gleichen Nachteil: Dem Verkäufer selbst bleibt es nahezu alleine überlassen, ob er sich nun sehr engagiert – oder nicht. Dennoch wird manch ein Verkäufer für sich klar erkennen können, warum es sich lohnt, bei der Produkteinführung zu kämpfen und daher das Erlernte engagiert umsetzen.

Ein wenig aufwendiger aber verbindlicher ist ein mitarbeiterindividuelles Prämierungsmodell. Dieses führt ein Kunde von mir erfolgreich durch und soll deswegen hier vorgestellt werden. Hierbei gibt es eine feste Basisprämie, die nach Zu- oder Abschlägen abhängig von der tatsächlichen Leistung ausbezahlt wird. Das Besondere: Der Verkäufer sagt vorab, wie viele Kunden er mit dem neuen Produkt gewinnen will beziehungsweise wird. Sollte er sich überschätzen, fällt die Prämie niedriger aus, als wenn er sich gleich richtig eingeschätzt hätte. Wenn er extra niedrig pokert und am Ende doch mehr erreicht, fällt die Prämie ebenfalls niedriger aus, als wenn er gleich die höhere Kundenanzahl vereinbart hätte.

Weil Verkäufer ihren Verantwortungsbereich und somit ihre Kunden besser kennen als ihre Führungskraft oder die Geschäftsleitung, trägt dieses Modell diesem Sachverhalt Rechnung. Auch ist hervorzuheben, dass durch eine einheitliche Ausgangsprämie ein sehr guter Verkäufer nicht automatisch überproportional zu seinen anderen Kollegen verdient, da alle Verkäufer die Möglichkeit haben, ähnlich viel Geld aufgrund von Verhaltensänderungen – ihrem Niveau entsprechend – zu verdienen. Nachfolgend ein Beispiel:

Es wird eine Basisprämie festgelegt. Beispielsweise 500 Euro. Nun spricht die Führungskraft mit jedem einzelnen Mitarbeiter ab, wie viele Kunden diese mit dem neuen Produkt im Rahmen einer Produkteinführung gewinnen beziehungsweise distribuieren wollen.

| Vereinbarte Distribution | Tatsächliche Zielerfüllung in Prozent | | | | | |
|---|---|---|---|---|---|---|
| | < 80 | < 90 | < 100 | = > 100 | > 110 | > 120 |
| 30 Kunden | – 30,0 | – 20,0 | – 10,0 | + 5 | + 6 | + 7 |
| 40 Kunden | – 27,5 | – 17,5 | – 9,0 | + 10 | + 11 | + 12 |
| 50 Kunden | – 25,0 | – 15,0 | – 8,0 | + 15 | + 16 | + 17 |
| 60 Kunden | – 22,5 | – 12,5 | – 7,0 | + 20 | + 21 | + 22 |
| 70 Kunden | – 20,0 | – 10,0 | – 6,0 | + 25 | + 26 | + 27 |
| 80 Kunden | – 17,5 | – 7,5 | – 5,0 | + 30 | + 31 | + 32 |
| 90 Kunden | – 15,0 | – 5,0 | – 4,0 | + 35 | + 36 | + 37 |

Tabelle 6: Sorgen Sie durch ein Modell für mehr Verbindlichkeit, bei welchem der Mitarbeiter vorab sein avisiertes Ziel mit Ihnen bestimmt.

Wenn nun ein Verkäufer 40 Kunden vereinbart, tatsächlich aber nur 32 (also Zielerfüllung 80 Prozent) bringt, dann werden die 500 Euro um 30 Prozent auf 350 Euro gekürzt. Hätte dieser gleich 30 Kunden vereinbart, dann wäre seine Prämie 525 Euro gewesen, da seine Zielerfüllung über 100 Prozent, aber noch unter 110 Prozent liegt.

Sollte ein anderer Verkäufer 70 Kunden vereinbart haben, aber tatsächlich 90 Kunden distribuieren, wird seine Prämie 635 Euro sein (Aufschlag 27 Prozent). Hätte er aber gleich zu Beginn 90 Kunden zugesichert, dann wäre seine Prämie 675 Euro gewesen.

| Praxistipp |
| --- |
| Passen Sie dieses Modell Ihrer individuellen Unternehmenssituation an und spielen mal die einzelnen Szenarien durch. Es wirkt zwar auf den ersten Blick ein wenig kompliziert, ist aber häufig gerechter, als so manch ein anderes Prämienmodell. Denn hier ist die Prämienspreizung zwischen den „sehr guten" und den „schwachen" Verkäufern nicht so groß, motiviert aber dennoch alle, engagiert und besser zu verkaufen. Und darum geht es letztlich: Die Verkäufer zu motivieren, ihre alten Gewohnheiten über Bord zu schmeißen und Trainingsinhalte umzusetzen. |

## 4.8 Nach dem Seminar ist vor dem Seminar!

Wie lange und wie oft müssen Verkäufer trainiert werden? Ist er nicht irgendwann einmal gut genug? Schauen Sie einfach über Ihren Tellerrand, dann werden Sie wissen, dass „lebenslanges Lernen" nicht nur ein Schlagwort ist, sondern eine echte Notwendigkeit zum langfristigen Überleben.

**Es gibt viele Gründe, immer wieder in sich und in Trainings zu investieren**
- Die Produkte werden immer austauschbarer. Der Aufbau von Alleinstellungsmerkmalen ist immer anspruchsvoller. Menschen mit Kundenkontakt haben es erheblich in der Hand, welcher Kunde (weiterhin) kauft.

Für viele Kunden ist letztlich ihr Ansprechpartner der entscheidende Grund zu kaufen – oder nicht.
- Auch wollen immer weniger Kunden nur ein Produkt kaufen. Sie wollen Konzepte und Strategien. Denn das Lager eines Kunden zu füllen, ist das eine, dem Kunden dabei zu helfen, mit Gewinn dieses wieder zu leeren, das andere.
- Der zunehmende Wettbewerb sorgt dafür, dass immer weniger Kunden Preise einfach so akzeptieren wollen oder auf ewig ihrem Lieferanten treu bleiben. Also müssen Verkäufer unter anderem sehr argumentations- und beziehungsstark sein. Ebenfalls müssen diese immer schneller Innovationen verkaufen, da die Produktlebenszyklen meist immer kürzer werden.
- Die Geschwindigkeit des Wandels auf den Märkten ist hoch wie noch nie. Immer neue Innovationen zwingen zur Flexibilität und zum Fortschritt. Mit welchen Strategien sollen diese Neuigkeiten immer wieder in den Markt gebracht werden?
- Die Marktmacht sowohl auf Kundenseite als auch Lieferantenseite nimmt aufgrund der Globalisierung immer weiter zu. Das bedeutet, dass Verhandlungen immer anspruchsvoller werden.
- Die Konzentration wird durch den wachsenden Wettbewerb immer mehr forciert, sodass die Zahl der Mitbewerber häufig abnimmt, die Wettbewerbsintensität aber steigt. In sehr margenstarken Branchen kommen immer wieder neue Anbieter hinzu, deren Hauptargument häufig der niedrige Preis ist. Wie sollen also wertschätzend höhere Preise im Markt durchgesetzt und gehalten werden?

Ein „gutes" Verkaufstraining wird umso eher möglich sein, desto leichter die Teilnehmer dessen Inhalte mit ihrer Praxis verknüpfen können. Wenn sich die Verkäufer nicht mit dem zu vermittelnden Stoff identifizieren können, wird das Lernen nur unnötig erschwert. Ein ewig langer Monolog des Trainers, auch wenn vielleicht mit lustigen Videos und Anekdoten untermauert, ist wenig aktivierend auf die Teilnehmer – bestenfalls nur unterhaltend. Deswegen muss unbedingt Zeit gegeben beziehungsweise genommen werden, um das Gelernte auch einzuüben. Dazu gehören auch Feedback und Diskussionen. Feedback hilft, das Selbstbild des einzelnen Teilnehmers mit dem Fremdbild der anderen Teilnehmer und dem des Trainers abzugleichen. Diskutieren ermöglicht den Beteiligten, ihr eigenes Wissen zu überprüfen, zu korrigieren als auch zu festigen. Denn das, was man erklären kann, hat man in der Regel auch tatsächlich verstanden. Aber bekanntlich ist Wissen nicht Tun, darum sind Rollenspiele so wichtig. Auch sollte ein Trainer mit seinen Fragen die Teilnehmer zum Denken anregen. Denn schließlich ist es das Ziel guter Trainings, dass sich der Trainer mittel- bis langfristig überflüssig macht. Das kann nur geschehen, wenn die Teilnehmer ihre Problemlösekompetenz entwickeln und somit Lerngewinne auch auf andere Situationen übertragen können.

Weshalb Feedback so nützlich ist, zeigt das Johari-Fenster. Die amerikanischen Sozialwissenschaftler Joe Luft und Harry Ingham haben es entwickelt. Der Name dieses Modells wurde aus den ersten Anfangsbuchstaben der Vornamen beider Entwickler gebildet. Es zeigt auf, dass vieles uns selbst als auch anderen bekannt ist („Arena"). Dennoch hat jeder einen „blinden Fleck". Das bedeutet, andere bemerken an uns Eigenschaften, die wir selbst gar nicht wahrnehmen. Durch Feedback von anderen hat jeder so die Möglichkeit, Sachverhalte aus dem Bereich des „blinden Fleckes" in die „Arena" zu übertragen. Ziel des Feedbacks ist es also, die „Arena" zu vergrößern. Man kann nur das bei sich ändern, was einem selbst bewusst ist.

|  | Einem selbst ||
|---|---|---|
|  | bekannt | unbekannt |
| **Dem anderen bekannt** | Arena | „blinder Fleck" |
| **Dem anderen unbekannt** | Fassade/Maske | Unbewusstes |

Abbildung 7: Das Johari-Fenster: Sie bemerken nicht alles, was andere an Ihnen bemerken.

Weder kurzfristige noch langfristige Einzelaktionen oder Alibiveranstaltungen bringen dem Mitarbeiter oder dem Unternehmen den gewünschten Ertrag und rechtfertigen somit nicht den entsprechenden Aufwand. Besser als eine Woche am Stück sind somit beispielsweise monatlich zwei Tage Training in Folge. Ein Tag Vertriebstraining ist auch deswegen häufig unvorteilhaft, weil viele Teilnehmer morgens lange Strecken anreisen und eigentlich schon am Nachmittag wieder in Gedanken auf der Straße sind.

Durch Praxisphasen zwischen den Seminaren kann das neue Wissen besser angewendet werden. Beim nächsten Treffen sind dann die Erkenntnisgewinne zu besprechen und nachzubearbeiten. In der Praxis vieler Unternehmen wird leider trotzdem zu wenig Wert auf sich wiederholende und vertiefende Lernsequenzen gelegt.

Die permanente Erinnerung der Seminarteilnehmer an die Umsetzung des Lernstoffes während der Transferphase – also der Zeit zwischen den Seminareinheiten – ist elementar wichtig. Es ist somit ein System einzurichten, um den Lerntransfer im Bewusstsein zu halten.

**Reflektieren Sie sich regelmäßig**
- Beispielsweise könnte von den Teilnehmern gefordert werden, eine Checkliste mit ein paar wenigen Punkten vor und nach jedem Kundengespräch auszufüllen. Denkbare Punkte vor dem Gespräch wären die Formulierung von Gesprächszielen sowie das Durchdenken einer möglichen Verkaufsstrategie für diesen Kunden. Nach dem Gespräch wären mögliche Kontrollpunkte die Ermittlung von Sachverhalten, die gut und weniger gut im Gespräch verliefen sowie der Frage nach dem Lerngewinn für das nächste Gespräch (sowohl mit diesem Kunden als auch mit dem nun im Anschluss zu besuchenden). Beispielhafte Fragen finden Sie im 2. Kapitel, das sich mit „Gesprächsvorbereitung" und „Gesprächsnachbereitung" befasst.

- Wer sich nicht die Zeit für das Durchgehen einer Checkliste nehmen kann oder will, sollte sich beispielsweise zwischen den einzelnen Kundengesprächen fragen: „Welche Frage könnte ich mir jetzt stellen, um aus dem soeben geführten Gespräch zu lernen?" oder „Wie würde Oliver Schumacher über mein soeben geführtes Gespräch denken? Was würde er empfehlen?"
- Auch helfen Arbeitskreise, in denen beispielsweise einmal im Monat lösungsorientiert diskutiert und besprochen wird, was gut funktioniert und wie anderes noch besser funktionieren könnte. Häufig hat hier eine Moderation durch den Verkaufstrainer Sinn.
- Bekannt ist für viele die Idee, mit Impulsen über regelmäßige E-Mails oder SMS-Nachrichten für den Lerntransfer zu sorgen. Das klingt auch sehr modern und günstig, doch fragen Sie sich selbst einmal, wie Sie auf eine SMS oder E-Mail reagieren, wenn Sie für diese Thematik gerade nicht den Kopf freihaben. Falls Sie im Zweifelsfalle diese Nachrichten sammeln für den Moment, wo mehr Zeit ist, oder gleich löschen, sollten Sie doch lieber überlegen, ob regelmäßige persönliche Treffen mit Verkäuferkollegen sinnvoller sind. Außerdem haben Treffen den Vorteil, dass sich die Teilnehmer bewusst mehrere Stunden zur Lösungsdiskussion zusammensetzen. Dahingegen ist die Bearbeitung einer E-Mail oder einer SMS mit einem Verkaufstipp nicht so verbindlich und bekommt nicht den nötigen Stellenwert, was die Umsetzungswahrscheinlichkeit verringert. Eher wird die Information beim Überfliegen der Nachricht gefiltert. Entweder in „Ja, habe ich doch gewusst. Mache ich schon längst!" oder in „Das habe ich so noch nie gemacht, das klingt kompliziert, damit beschäftige ich mich später einmal!" Aber wann?

Vergessen Sie bitte nie: Sollte die Zeit zur Reflexion fehlen, gibt es kaum Möglichkeiten zur Entwicklung. Der Lerntransfer sollte im Idealfall die gleiche Priorität im Unternehmen besitzen wie die Erfüllung sämtlicher anderer Unternehmenspläne und -ziele. Finden Sie keine Zeit für solche Maßnahmen oder stellen nicht das nötige Geld zur Verfügung, verschenken Sie zahlreiche Chancen und somit Geld.

**Überprüfen Sie die Auswirkungen von Trainingsmaßnahmen**
- Mitfahrende Führungskräfte könnten sich ein Bild vor Ort vor und nach der Trainingsmaßnahme machen.
- Im Rahmen von Rollenspielen kann überprüft werden, ob die Teilnehmer das gehörte Wissen umsetzen.
- Kunden könnten interviewt werden, wie sich der Verkäufer nun verhält.
- Reine Wissenstests sind gewöhnlich nur bei Produktschulungen sinnvoll.
- Im Verkauf gibt es besonders viele „harte Fakten", die Auskunft über den Lerntransfer geben: Wie entwickelt sich der Umsatz? Werden tatsächlich mehr Kunden gewonnen? Sinken die Reklamationen? Wie entwickelt sich die Arbeitsproduktivität?

Sie haben nun erfahren, dass es mit dem Buchen eines Verkaufstrainers allein bei Weitem noch nicht getan ist. Alle direkt und indirekt Beteiligten haben eine gewisse Verantwortung und Verpflichtung. Auch wenn Sie für sich oder Ihr Unternehmen nicht alles umsetzen können oder wollen, so seien Sie sich bitte darüber im Klaren, dass gute Verkaufstrainings nicht nur Geld kosten, sondern auch bringen. Allerdings nur, wenn bei der Umsetzung der Inhalte alle(!) systematisch gemeinsam an einem Strang ziehen. Falls Sie nun zurückschrecken und sagen „Da mache ich lieber keine Trainings, das ist mir alles zu viel Arbeit und zu aufwendig!", ist das auch nicht schlimm. Denn dann freut sich eben Ihr aufgeschlossenerer und engagierterer Mitbewerber ...

Denken Sie immer daran: Kontinuität und auf das Teilnehmerniveau abgestimmte Verkaufstrainings sind für den erfolgreichen Lerntransfer unerlässlich.

# Quellen und Literaturtipps

Allhoff, Dieter-W.; Allhoff, Waltraud: Rhetorik & Kommunikation. Ein Lehr- und Übungsbuch. 15., aktualisierte Auflage, Reinhardt Verlag, München 2010.

Bank, Volker: Bedarfs- und Zielcontrolling, in: Seeber, Susan; Krekel, Elisabeth M.; van Buer, Jürgen, (Hrsg.): Bildungscontrolling. Ansätze und kritische Diskussionen zur Effizienzsteigerung von Bildungsarbeit, Verlag Peter Lang, Frankfurt am Main, Berlin, Bern, Wien 2000.

Dobelli, Rolf: Die Kunst des klaren Denkens. 52 Denkfehler, die Sie besser anderen überlassen. Carl Hanser Verlag, München, 2011.

Durinkowitz, Helmut S.: Crash-Kurs für Verkaufsleiter. Vom Start weg auf der Gewinnerseite. 3., überarbeitete Auflage, Gabler Verlag, Wiesbaden, 2009.

Glasl, Friedrich: Konfliktmanagement. Ein Handbuch für Führungskräfte, Beraterinnen und Berater. 10., überarbeitete Auflage, Verlag Freies Geistesleben, Stuttgart 2011.

Hochholdinger, Sabine; Rowold, Jens; Schaper, Niclas: Praxis- und Forschungsrelevanz von Trainings, in: Rowold, Jens; Hochholdinger, Sabine; Schaper, Niclas (Hrsg.): Evaluation und Transfersicherung betrieblicher Trainings. Modelle, Methoden und Befunde, Hogrefe Verlag, Göttingen, Bern, Wien 2008.

Kieser, Heinz-Peter: Moderne Vergütung im Verkauf. Leistungsorientiert entlohnen mit Deckungsbeiträgen und Zielprämien. 2. Auflage, RKW-Verlag, Eschborn 2003.

Koineke, Jürgen: Wettbewerbsüberlegene Entlohnungssysteme im Verkauf 2005. Mit 12 Erfolgs-Systemen aus der Praxis. VNR Verlag für die Deutsche Wirtschaft, Bonn 2004.

Kotler, Philip; Keller, Kevin Lane; Bliemel, Friedhelm: Marketing-Management. Strategien für wertschaffendes Handeln, 12., aktualisierte Auflage, Pearson Studium, München 2007.

Krämer, Michael: Grundlagen und Praxis der Personalentwicklung. 2., durchgesehene und ergänzte Auflage, Verlag UTB, Stuttgart 2011.

Kreutzer, Ralf T.: Praxisorientiertes Marketing. Grundlagen – Instrumente – Fallbeispiele. 3., vollständig überarbeitete und erweiterte Auflage, Gabler Verlag, Wiesbaden 2010.

Meier, Rolf: Praxis Weiterbildung. Personalentwicklung, Bedarfsanalyse, Seminarplanung, Seminarbetreuung, Transfersicherung, Qualitätssicherung, Bildungsmarketing, Bildungscontrolling mit CD-Rom. Gabal Verlag, Offenbach 2005.

Neuberger, Oswald: Führen und führen lassen. Ansätze, Ergebnisse und Kritik der Führungsforschung. 6., völlig neu bearbeitete und erweiterte Auflage, Verlag UTB, Stuttgart 2002.

Olfert, Klaus: Personalwirtschaft. 13., verbesserte und aktualisierte Auflage, Kiehl Verlag, Ludwigshafen (Rhein) 2008.

Pawlowski, Klaus: Konstruktiv Gespräche führen. Fähigkeiten aktivieren, Ziele verfolgen, Lösungen finden. 4., aktualisirete Auflage, Reinhardt Verlag, München 2005.

Piontek, Jochen: Distributionscontrolling. Oldenbourg Wissenschaftsverlag, München 1995.

Runde, Bernd: Verständnis und Erfassung sozialer Kompetenzen, in: Hamborg, Kai-Christoph; Holling, Heinz, (Hrsg.): Innovative Personal- und Organisationsentwicklung. Hogrefe Verlag, Göttingen, Bern, Toronto 2003.

von Rosenstiel, Lutz: Entwicklung und Training von Führungskräften, in: von Rosenstiel, Lutz; Domsch, Michel E.; Regnet, Erika (Hrsg.): Führung von Mitarbeitern. Handbuch für erfolgreiches Personalmanagement. 6., überarbeitete Auflage, Schäffer-Poeschel Verlag, Stuttgart 2009.

Schumacher, Oliver: Was viele Verkäufer nicht zu fragen wagen. 100 Tipps für bessere Verkaufsresultate im Außendienst. Gabler Verlag, Wiesbaden 2010.

Schumacher, Oliver: Verkaufen auf Augenhöhe. Wie Sie wertschätzend kommunizieren und Kunden nachhaltig überzeugen – ein Workbook. Gabler Verlag, Wiesbaden 2011.

Schumacher, Oliver: Verkaufen in der Beauty-Branche. Tipps und Ideen für Friseure, Kosmetiker, Podologen und andere Dienstleister. Top Hair Verlag, Gaggenau 2012.

Schuster, Martin; Dumpert, Hans-Dieter: Besser lernen. Springer-Verlag, Berlin, Heidelberg 2007.

Stauss, Bernd: Perspektivenwandel. Vom Produkt-Lebenszyklus zum Kundenbeziehungs-Lebenszyklus, in: Thexis – Fachzeitschrift für Marketing, Thexis Verlag, Wiesbaden, 17. Jg., 2/2000.

Thiele, Michael: Führen & Streiten. 4. Auflage, Bayerischer Verlag für Sprechwissenschaft, Regensburg 2007.

Voigt, Hans-Jürgen: Die internen Gesetze im Vertrieb. Was Sie wissen sollten, um erfolgreich voranzukommen. Gabler Verlag, Wiesbaden 2006.

Weis, Hans Christian: Verkauf. 5., völlig überarbeitete Auflage, Neue Wirtschafts-Briefe, Ludwigshafen (Rhein), 2000.

Weis, Hans Christian: Marketing. 15., verbesserte und aktualisierte Auflage, Kiehl-Verlag, Ludwigshafen (Rhein) 2009.

Winkelmann, Peter: Marketing und Vertrieb. Fundamente für die Marktorientierte Unternehmensführung. 7., vollständig überarbeitete und aktualisierte Auflage, Oldenbourg Wissenschaftsverlag, München 2010.

Wunderer, Rolf/Jaritz, André: Unternehmerisches Personalcontrolling. Evaluation der Wertschöpfung im Personalmanagement. 4., aktualisierte Auflage, Verlag Luchterhand, Köln 2007.

# Weitere Medien zum Thema ...

Martin Christian Morgenstern
**Furchtlos verkaufen**
Hemmungen aus und Überzeugungspower an!
1. Auflage 2012

192 Seiten; 24,80 Euro
ISBN 978-3-86980-168-1; Art.-Nr.: 887

Egal ob Neuling im Vertrieb oder geschundener Verkäufer – dieses Buch zeigt Ihnen, wie Sie die natürlichen Hemmungen und Ängste in Akquise, Beratung, Verhandlung abbauen und den Überzeuger in sich entdecken. Ein Buch für alle Verkäufer, denen Schulungen, Motivationsbücher und Psychotricks den erhofften Effekt schuldig geblieben sind.

Markus Euler
**Back to Basic – Verkaufen heute**
Es kann so einfach sein
1. Auflage 2010

240 Seiten; 24,80 Euro
ISBN 978-3-86980-048-6; Art.-Nr.: 815

Werfen Sie längst überfälligen Ballast über Bord und konzentrieren Sie sich darauf, was Ihnen in Ihrem Verkaufsalltag wirklich hilft. Von der Akquise bis zum erfolgreichen Abschluss illustriert Markus Euler, wie Vertrauen, Zufriedenheit und Spaß für Kunden und Verkäufer zum täglichen Begleiter werden.

Sascha Bartnitzki
**... UND WAS SAGEN SIE?**
Auf dem Weg zum Spitzenverkäufer
1. Auflage 2012

78 Minuten; 19,80 Euro
ISBN 978-3-86980-147-6; Art.-Nr.: 887

Das einzigartige, aktive Trainings-Hörbuch der Extraklasse! Sascha Bartnitzki, der Experte für Akquise, führt Sie in diesem aktiven Hör-Training in die Sprache und das Vokabular der Spitzenverkäufer ein. Gönnen Sie sich jetzt neue Impulse und Ideen für Ihre persönlichen Verkaufsgespräche: Auf der Fahrt zum nächsten Kunden, im Büro, beim Sport oder in der Pause.

# www.BusinessVillage.de

# Expertenwissen auf einen Klick

## Gratis Download:
## MiniBooks – Wissen in Rekordzeit

**Mini**Books sind Zusammenfassungen ausgewählter BusinessVillage Bücher aus der Edition PRAXIS.WISSEN. Komprimiertes Know-how renommierter Experten – für das kleine Wissens-Update zwischendurch.

Wählen Sie aus mehr als zehn MiniBooks aus den Bereichen: **Erfolg & Karriere, Vertrieb & Verkaufen, Marketing und PR.**

→ www.BusinessVillage.de/Gratis

**Business**Village
Update your Knowledge!

## Verlag für die Wirtschaft